# 投资的本质
## 段永平讲述投资的底层逻辑

孙力科 ◎ 著

民主与建设出版社
·北京·

© 民主与建设出版社，2023

**图书在版编目（CIP）数据**

投资的本质 / 孙力科著. -- 北京：民主与建设出版社，2023.2（2025.6重印）

ISBN 978-7-5139-4094-8

Ⅰ. ①投… Ⅱ. ①孙… Ⅲ. ①投资–基本知识 Ⅳ. ①F830.59

中国国家版本馆CIP数据核字(2023)第019925号

## 投资的本质
### TOUZI DE BENZHI

| 著　　者 | 孙力科 |
|---|---|
| 责任编辑 | 郭丽芳　周　艺 |
| 封面设计 | 刘红刚 |
| 出版发行 | 民主与建设出版社有限责任公司 |
| 电　　话 | （010）59417749　59419778 |
| 社　　址 | 北京市朝阳区宏泰东街远洋万和南区伍号公馆4层 |
| 邮　　编 | 100102 |
| 印　　刷 | 嘉业印刷（天津）有限公司 |
| 版　　次 | 2023年2月第1版 |
| 印　　次 | 2025年6月第15次印刷 |
| 开　　本 | 700毫米×980毫米　1/16 |
| 印　　张 | 16.5 |
| 字　　数 | 202千字 |
| 书　　号 | ISBN 978-7-5139-4094-8 |
| 定　　价 | 58.00元 |

注：如有印、装质量问题，请与出版社联系。

# 目 录

前　言 …… 01

## 第一章　股票投资本身就是一个难度很大的游戏

投资股票很难，大部分人都不适合 / 002

不要觉得自己比他人更聪明 / 006

不要试图去预测股价 / 009

关注生意本身，而不是市场 / 013

投资需要做好充分的准备 / 017

投机不等同于投资 / 021

价值投资才是炒股的精髓 / 025

## 第二章　买股票就是买公司

买股票要当成买公司一样对待 / 030

重点关注标的公司的企业文化 / 034

选股时，要寻找良好的商业模式 / 038

选择拥有定价权的公司的股票 / 042

小额股票投资者要寻找看得懂的中小型公司 / 046

选股票，就要投资那些信用度高的企业 / 050

选择投资那些坚持以客户利益为第一的公司 / 054

看重那些具有很强用户黏性的公司 / 058

不要选择那些盲目多元化的企业 / 061

选股时，寻找一个值得信赖的管理者 / 065

## 第三章　给企业进行合理估值

给企业估值需要技术能力和经验积累 / 070

股票的内在价值大约等于公司的未来现金流折现 / 074

可以使用市盈率来给公司估值 / 078

注重分析企业的基本面 / 082

寻找现金流充足的公司进行投资 / 086

设置估值区间，确保模糊的精确 / 090

拒绝博傻理论，坚持价值分析 / 094

不要被企业自己的估值所迷惑 / 097

不要忽视直觉的作用 / 100

## 第四章　炒股时，最好进行长线投资

短线操作比长线操作更难 / 104

市场短期来看是"投票器"，但长期来看是"称重机" / 107

着眼于大局，忽略一时的波动 / 110

学会使用复利来增加财富 / 114

　　　　选择那些具有可持续发展空间的企业 / 118

　　　　投资者需要足够的耐心，坚持等待 / 122

　　　　避开那些产品很难长期做到差异化的企业 / 126

　　　　拒绝长期投资中的教条主义 / 131

## 第五章　集中投资，确保收益最大化

　　　　人的一生只需要把握几次投资机会即可 / 136

　　　　集中投资不是购买一只股票 / 140

　　　　集中投资数只股票时，要打造合理的组合 / 144

　　　　将大部分资金集中在少数高价值的项目上 / 148

　　　　集中投资下注重资金分配 / 153

　　　　持有某只优质股时，需要不断增持 / 157

　　　　选择适合自己的投资 / 160

　　　　提早放弃那些不挣钱的投资 / 164

## 第六章　优质的股票要配上合理的操作时机

　　　　了解股市变动的规律 / 170

　　　　如何理解股票的贵和便宜 / 174

　　　　如何确认出售股票的时机 / 178

　　　　市场不景气，有助于找到最佳的投资机会 / 181

　　　　在企业发展局势明朗时进行投资 / 185

　　　　选股时要看十年以后的发展情况 / 189

　　　　投资时机很重要，但不要试图抄底 / 192

## 第七章　炒股者首先要调整好自己的状态

投资时，要尽量保持简单 / 198

投资时，价值观很重要 / 203

主动向优秀的人学习 / 207

独立分析，不要轻信专家的话 / 211

投资一定要保持平常心 / 215

学习更多的知识，构建多元化思维模型 / 219

## 第八章　投资股票最重要的是规避风险

积极做好各项风险管控 / 224

拒绝做空标的公司 / 228

拒绝使用杠杆，拒绝借贷和负债 / 232

纠正错误，立即止损 / 236

不了解的就不要去投资 / 240

不要总想另辟蹊径 / 244

不要轻易帮助别人进行投资 / 248

# 前 言

提起段永平，可能很多人对他并不是很了解，尽管最近几年他的出镜率开始增加，但由于段永平行事低调，为人又比较神秘，公众有时候并不清楚他究竟是谁。但如果有人说起小霸王，说起步步高，相信很多80后都记忆犹新，而段永平正是缔造小霸王和步步高神话的传奇人物。之后，他甚至将步步高一分为三，直接促成了步步高、OPPO、vivo三家出色的公司。仅仅从这一个角度来说，即可认定他和国内那些顶级的企业家没有多少差距。其实，这些年来，他更为人所知的身份是投资人。自从40岁卸任步步高总裁，他就定居美国，开始从事价值投资。

古话有云：术业有专攻。商界也一样，有的人适合创办和经营企业，但不适合搞投资；有的人可以在股市中翻云覆雨，但对企业管理却一窍不通。不一样的是，段永平既是一个优秀企业家，还是一个优秀的投资人，甚至被誉为"中国版的巴菲特"。拥有这一江湖美称，可不是因为他花了62万美元和巴菲特吃了一顿午餐，而是因为他和巴菲特一样，都是坚定、优秀的价值投资者。

段永平曾经这样回忆自己与价值投资的接触："记得以前翻过一本书，叫《富爸爸穷爸爸》，初学投资的人如果觉得巴菲特的东西一时不好懂，可以看看这本书。我对投资的基本理解好像和这本书差不多。

"假设我有10 000元闲钱，也就是一时半会用不着的钱，应该怎么办呢？我可能有以下选择：

一、在床底下挖个洞埋起来。20年后还是10 000元。

二、存在银行或买国债。假设平均利息是6%，20年后是32 000多元。

三、投资在S&P500。近100年的平均回报率大约是9%，20年后是56 000元左右。

"所以只要能找到任何年回报率大于等于9%的投资，我就可以考虑投。"

作为一个半路出家的投资者，段永平根本不占什么优势，也许创办、经营和管理企业的经验和智慧会带来一些帮助，但他对很多股票投资的基本术语不是很清楚的事实，也的确是显著的劣势。不过他最大的优势在于具备强大的领悟能力。通过对巴菲特投资理论的学习和消化，他在短时间内就掌握了价值投资的一些精髓，还学习到了巴菲特的独家理论知识。在之后的投资实践中，他不断应用学到的理念和知识，并逐渐形成了自己的投资风格。

多年来，他经常在网络平台上和网友们分享自己的投资经历、投资心得和理念，但很少会提醒他人应该购买什么股票。他侧重于为网友条条缕析、答疑解惑，使大家入场伊始便构建起正确的投资理念和价值观。

比如，很多人喜欢将股市当成一个不需要怎么努力就可以赚大钱的场合，这种想法显然是错误的。投资股市只不过是寻求资本更高收益，不应该为了发大财，将股市当成提款机，否则便会因为自己的贪婪而遭到市场的反噬。真正的投资，需要人们保持理性思维，需要人们建立更加合理正确的思维方式，改变那种赚快钱的想法。实际上，股市非但无法赚到快钱，反而存在很大的亏本风险。不具备投资能力的人还是远离股市为好。

那么什么样的投资能力和策略才是合理有效的呢？段永平在谈话中多次谈到了价值投资的作用和意义，并认为价值投资才是真正提高投资效率的重要方法。实际上，他在二十年的投资生涯里，一直坚持走价值投资的道路，始终认为这是一个值得推广的投资策略。他一直很推崇巴菲特，并认定巴菲特的价值投资理念对普通投资者很有指导意义。他曾这样强调："我从看到巴菲特第一分钟起就开始相信巴菲特了，从来没动摇过。心中没有巴菲特的人是很难相信巴菲特的，而且谁说都没有用。"

其实，价值投资并不是一个新概念。早在20世纪30年代，价值投资就开始慢慢流行开来，经过差不多90年的发展，涌现出了一大批出色的价值投资者。许许多多的投资者都希望可以把握价值投资的要领，成为一个真正的价值投资者，但那么多年来，了解价值投资理念的人不少，而真正意义上的价值投资者并不多，多数人的投资模式根本不符合价值投资的策略。

对此，段永平说过："价值投资，原理和技术其实说出来很简单，但是大道至简，知易行难。现实生活中，真正深得价值投资精髓的朋友，确实少之又少。"2010年，段永平开始阅读自己花110美元买来的《穷查理宝典》。他多次强调，这本书是自己一生中最好的投资，同时也付出了"最贵"的代价。为什么这样说呢？原来早在2008年，他就买了这本书，可是他并没有意识到它的价值，将其在书柜上整整搁置了两年，一直没有翻看。花费110美元，却一眼没看，的确有些奢侈，但更令他痛心的是，自己竟然白白浪费了两年时间。如果提前两年阅读的话，他自己将会提前两年学到芒格的投资理念，从而把握住更多的机会。

读了《穷查理宝典》，段永平意识到股票投资中最难的部分不是技巧，不是数据分析，而是一种超然的人生态度和哲学。查理·芒格曾说，40岁以前没有真正的价值投资者。我想，也许他的意思是，心理年龄不到40岁，未曾经历真正的风雨和锤炼的人，是很难有这种超常的定力和淡泊的风骨的。有趣的是，段永平本人在40岁的时候放下企业家的身份，正式进入投资领域并接触价值投资理念，这或许是他的一个优势，加上他此前有过经营企业的经验，使他比别的投资者更具耐心，更有理性。

芒格所强调的年龄或许和生活阅历、投资悟性有关。很多人说，投资可以依靠后天的努力，通过学习和实践来积累经验，但价值投资绝不是靠长时间的学习和实践就一定能学会和掌握的。很多人学得再多，可由于缺乏悟性，最终也无法掌握价值投资的精髓。事实上，人们在投资时往往会产生一个错觉，认为价值投资就是几个简单的理念和原则，照章办事即可。但在实践中价值投资操作起来非常难，里面涉及的计算、分析和评估非常复杂，需要投入大量的时间和精力，不是单纯的复杂计算应付得了的。出色的价值投资者，从来不是精于数据计算的超级数学家，也不是擅长电脑模型开发的程序员，他们会按照自己的理解和评估方式进行操作——事实上，只有少数投资者才可以称得上成功。

那些成功的投资者，大多拥有独特的思维模式。他们不会随意选股，一旦进入金融市场，就会严格规范自己的行为，以投资者的角度思考问题、分析企业，而不是以观察者的身份来对待这一切；他们会保持严肃和专注的状态，认真分析企业，进行合理估值，然后采取合理的投资方式。

除了悟性和思维模式之外，人们还需要对自己进行更加合理的管控。投资本身带有一定的风险，且往往是风险偏好者的游戏，因此投资人最重要的是保持理性耐心，并足够自律，懂得拒绝短期诱惑和在合适的机会果断出手。段永平认为每一个投资者都要建立起自己的信仰："投资的信仰指的是：相信长期而言股市是'称重机'，对没有信仰的人而言，股市永远是'投票器'。"

多年来，段永平先生积极与人分享自己的投资心得，为本书成稿奠定了坚实的基础。本书重点阐发了段永平先生的投资理念、投资方法和投资的经历，通过案例拓展和内容延展的方式，将他所坚持的价值投资更完整地呈现在读者面前。为了方便读者理解相关的理论知识，本书尽可能用通俗的语言来表述和解释专业术语，加以清晰的逻辑和分明的书写层次，以保证普通人也可以理解价值投资，理解段永平的投资之道。

第一章

股票投资本身就是一个难度很大的游戏

## 投资股票很难，大部分人都不适合

如今，股票投资业已经成了面向大众的一个重要产业，股民几乎每年都在增加，每年也有大量的资金流入股市。但从投资的结果来看，实际上绝大多数人都在亏损。究其原因，在于股市是专业人士、专业机构才玩得转的资本游戏，而多数人并不专业，没有能力做好投资，更别说靠此快速暴富了。

段永平说过，股票投资非常难，大部分普通人都不适合炒股，"老实讲，我不知道什么人适合做投资。但我知道统计上80%~90%进入股市的人都是赔钱的。如果算上利息的话，赔钱的比例还要高些"。

炒股应该作为一个挣钱的副业，让人享受挣钱的过程，至少对绝大多数人来说，应该如此，但现实生活中，人们常常会将炒股当成最挣钱的方法，当作最大的收入来源。很多股民从一开始接触炒股，就迫不及待地想要挣到一笔大钱。对他们而言，股市应该是一个实现人们发财梦的地方，而这种发财梦成功的概率和购买福利彩票差不多。试图一夜暴富的股民，绝对不在少数。这些人在投资股票时，所投资金在整个家庭资产结构中占比往往非常大，远远超出了正常的比例，导致风险剧增。

多数股民一方面渴望快速致富，另一方面其实并不具备投资的能力，也没有掌握投资的相关知识和方法。在股民中，有很多人只能看懂基本的股市信息，诸如A股、B股、ST股、均线、K线；而不少人对这些东西更是一无所知，却一头扎进股市，仅仅因为别人也在这样做，而且有人还因此发了财。正是因为这样，很多股民实际上根本不清楚如何炒股，也谈不上有什么炒股的方法和理念，更多时候，只是盲目跟随。

从投资的角度来说，炒股本身是非常专业的事，普通人根本没有办法真正做到专业化，也没有实力去承担相应的成本投入和风险。在股票投资市场，真正能挣到大钱的永远是少数顶尖的专业人士，这部分人要么有专业的团队，要么有非常丰富的炒股知识。他们每天都会花费大量时间来搜索、思考和分析，有的人还会翻阅大量的资料来寻找商机，还会每天了解国际国内大事和行业的发展情况、最新的政策动向，掌握时代发展的基本态势。他们的大部分时间都用来阅读和分析，而多数人根本没有那么多的时间和精力，也没有那样的专注度来做好这些事情。

段永平说过，在离开步步高公司之后，他移居美国，开始花费大量时间研究炒股，还特别阅读和学习了巴菲特的投资理念。他之所以能够获得成功，绝对不是因为天赋，而是因为肯付出、肯钻研。要知道在搜寻优质企业的时候，他经常需要阅读各个目标公司的相关资料，需要了解这些公司过去的发展情况和基本面信息。必要的时候，他还要亲自去考察。这些工作量，绝对不是普通人有时间去做的。还有一点，段永平本身是一位非常出色的企业家，在经营管理方面拥有很强的能力，而这样的工作经历也有助于他更好地分析企业的价值，至少他的能力圈与炒股还是有一些交集的，而多数人根本没有那么专业。

其实，很多专业的投资者和投资机构，真的非常努力，实力也过硬，但往往也很难跑赢指数。他们投资和管理的股票、基金，在很多时候根本无法实现盈利，或者说收益不高。用更现实、更残酷的说法是：如果他们花费同样的时间和精力，专注于自己的主业，所收获的效益也会高于炒股。专业人士尚且如此，普通人面临的压力和风险就更大了，可以说基本上没有多少机会在股市中挣到大钱。

比如，多数股民无法判断企业的价值，无法洞察股价波动背后的因素，无法预测股价的涨跌，也没有办法及时搜集相关的信息，做出理性判断。更何况，还有不少企业和机构会造假误导股民，多数股民根本没有能力去伪存真、顺利进行排雷。要知道，很多专业机构有时候都难免出现差错，个人投资者在这一方面自然更处于弱势。这就是为什么每一次股市出现动荡，或者出现金融危机时，大部分股民都会沦为被收割的对象。

为了提高炒股的效率，有不少人试图通过兜售他人经验的方式走捷径。比如许多投资者出书传授炒股的方法；又如微信群总有人通过创建炒股群的方式，高价售卖自己的理论知识或者售卖所谓的内部信息；还有一大批在电视节目中指导人们如何选股、炒股的专家，夸夸其谈，误人不浅。在面对这些具有特殊能量的专家时，股民很容易相信他们的话，并乐于支付高昂的学习费用和咨询费用。

但很多所谓的专家、助理、分析师、导师，只会纸上谈兵，缺乏实践能力。而且要命的是，他们绝不用自己的资金去验证其理论是否正确，最终还是要让广大的股民替他们充当小白鼠。很多分析师从一开始就打着专家的名号招摇撞骗，根本没有真才实学，也不关心股民是否真的挣到了钱，他们真正在乎的是不菲的咨询费。更有甚者，不少分析师本身就和一些证券机构、企业有利益关联，根本不可能讲真话，反而会有意误导股民。面对鱼龙混杂的咨询市场，股民被骗的概率很高，踩的坑绝对不比直接炒股少。

还有人总是想着向那些投资专家请教一些万能方法和公式，但段永平说道："股市从来如此，大多数人都在忙于寻找万能公式，也就是要找到一种一劳永逸的方法。事实上，世上根本不存在这样的公式。"那些声称掌握了公式的人，往往会因为过度自信而遭遇挫折，事实上，可能连他们自己也不知道做了什么。

正因为如此，段永平不太建议普通人进入股市，如果真的想要体验一把炒股，那么首先心态要放平，不要抱着发大财的目的去炒股，平时可以拿出少部分的钱进入股市锻炼一下，但不要盲目大举投资，以确保投资风险可控。此外，在投资时要注意分析股市的规律，要挖掘股市变动背后的原因，而不是依靠几个所谓的公式。

## 不要觉得自己比他人更聪明

2001年年初，刚移居美国的段永平认识了一个新朋友叫安杰瑞，是一家大型基金企业的基金经理，在证券市场工作了二十年，在投资领域算得上专家级别的人物，无论是投资经验还是投资技巧，都非常出色。在一次晚宴上，段永平向安杰瑞请教投资事宜，因为这时他自己产生了投资股票市场的想法，希望对方可以给自己一些不错的建议。

安杰瑞依据自身的经验，送给了段永平一句话："你认为你自己足够谦卑、足够认真就可以去投资股票市场，但是不论什么时候，你都不要认为你会是投资市场中最聪明的投资者，甚至聪明到可以随意地操纵市场。"

这句话让段永平似懂非懂，实际上他也没有放在心上。不久之后，段永平迎来了一次绝好的机会，他以很低的价格购入网易公司的股票，结果两年内股价上涨了100倍。这时的段永平非常自豪，认为自己是一个非常聪明的人，非常适合投资，于是接下来再次出击，购买了一只美国金融板块的股票：雷曼兄弟。虽然说是练手，但段永平似乎对此非常有把握。在他看来，雷曼兄弟比网易更好，虽然在互联网金融危机中遭受重创，但毕竟这是一家百年企业，在金融界和投资领域有很大的影响力，未来股价一定会上涨，获利空间很大。

但事实是，这家银行在互联网危机中已经疲态尽显，竞争力明显下降，和高盛、摩根士丹利银行等华尔街金融巨鳄相比，已经不在同一个竞争梯队了，可段永平并没有认真分析这些。自认为聪明的段永平，很快为自己的主观判断买了单：持有雷曼兄弟投资银行的股票一年时间，其股价仅仅上涨了1.3%，如果算上交易成本和通货膨胀，基本上没有什么盈利，如果将这笔钱用于其他项目，很有可能收益更高。

但他仍旧抱有期待，认为雷曼兄弟银行的股价会反弹回来。随着美国房地产的疯狂发展，雷曼兄弟开始在次贷市场上疯狂发放次级贷款和金融衍生品，此时段永平终于意识到了问题的严重性，对自己当初自作聪明的做法感到懊悔。2006年，他果断抛掉了全部的雷曼兄弟股票。经过统计，他在5年时间里基本上没有多少盈利，但幸运的是，两年以后的2008年，雷曼兄弟宣布破产，很多雷曼兄弟的投资者亏得血本无归，早早退出的段永平也算是逃过一劫。

经过这件事后，段永平更加严格要求自己，同时也对投资有了更深刻的认识：千万不要自认为很聪明，不要觉得自己比市场上的其他人更聪明。类似于段永平的经历，可能在很多股民身上都可以看到。在投资股票的时候，很多人都觉得自己一定可以挣到钱，坚信自己比其他投资者更聪明、更有水平、更善于把握机会。尤其是对一些有过成功投资经验的人来说，往往更会产生盲目的自信，对自己的投资充满期待。但实际上，由于不确定性因素很多，市场变幻莫测，人们很难依据自己的经验做出精准判断。即便是顶级的投资者，也会看走眼。很多时候，过于自信、自认为很聪明反而会让自己犯错。市场上是没有常胜将军的，因此任何时候都不能掉以轻心。

许多人将股市称作最激烈的博弈战场，由于它受到诸多因素的影响，在这些复杂因素的综合影响下，股市的变化和呈现方式往往超出个人的认知范围。

在以亿为计量单位的市场竞争对手中，任何人的力量其实都是微不足道的。个人与庄家的博弈，个人与个人的博弈，个人与机构的博弈，往往需要信息、技术、资金、耐心、策略、资源、洞察力等诸多竞争要素。没有人可以保证自己一定能够在激烈的博弈中胜出，过高地估计自己，过低地看待其他人，永远都不是一个明智的做法。

很多人总是期待着自己可以在茫茫股海中，看中一只没有引起别人足够重视的优质股票，然后坐等收益翻倍。但从现在的股市发展情况来看，这种情况几乎很难出现，而持有这种想法的人也非常危险，因为整个市场上不可能只有一个人或者少数几个人能够发现商机，也不可能只有一个人如此聪明。当一个人看到机会的时候，肯定有更多的人也看到了机会。如果人们自认为很聪明，刻意寻求那些不被看好的股票，很有可能聪明反被聪明误。

事实上，一个人过于自信的时候，对于问题的分析往往不够专注，很容易忽略诸多要素，对一些自己看不懂的东西过分乐观。也正是因为如此，段永平每次在谈到炒股时都要求人们保持敬畏之心，且在谈及个人成功时，从来不会归结为自己更聪明、更有判断力。

炒股从来也不是比谁更聪明。在股市中，所谓的聪明本身就没有一个标准，或者说它本身就是一个伪命题。比如，很多大学教授和科研人员也会炒股，很多顶级数学家也尝试着推演股市里的规律。这些人，肯定足够聪明、足够优秀，但他们在股市中的表现可能还不如一个没有任何文凭的普通投资者。聪明在股市中并不是一个很合理的概念，炒股的人依靠的往往不是聪明，更多的是耐心、不贪婪、比别人更勤奋（花时间了解公司），还有不可或缺的一点运气。

## 不要试图去预测股价

1966年7月2日，巴菲特在致股东的信中再次重申了自己不做市场预测的立场："市场预测'基本原则'第六条：'我做的是投资，不是预测股市涨跌或经济波动。如果你觉得我能预测出来，或者认为不预测就做不了投资，合伙基金不适合你。'有人可能会说这条原则模糊、含混、不明确。我个人认为，绝大多数合伙人明白我说的是什么意思。我们买卖股票，不管别人对股市的预测（我从来不知道怎么预测），只分析公司的未来。我们什么时候对，主要取决于股市的走势。我们到底对不对，主要取决于我们对公司的分析是否准确。"

段永平在看到巴菲特的这段话时，深有感触，他也一直在践行这样的投资原则，坚决不预测市场，不预测股价。在他看来，股价其实是不可预测的，因为市场具备很多不确定性。比如，了解股票市场的人都知道，市场本身会出现各种起伏，股价也会不断发生涨跌变动。人们通常只能预测股价会上涨或者股价会下跌，但具体什么时候发生，没人可以准确预测；具体上涨到什么价位或者下跌到什么价位，也没有人可以准确预测到。考虑到市场本身一直处于不断变化发展的态势中，人们的分析往往只能把握某一时刻的某一个点或者某个截面，相关的数据分析都是静态的，也许在下一秒钟，情况就会发生翻天覆地的变化。预测股价，实际上违反了市场发展的规律。

此外，股票市场是由千千万万的投资参与者组成的，而每个人的选择和决策是不一样的，这就使得市场上每天都会出现几千万、几亿个不同的决策，出现几千万乃至几亿个不同的想法，这些决策相互作用、相互影响，最终赋予了市场足够的变动性和不确定性。尽管人们可以通过一定的信息和数据搜集来做出判断，但只能了解部分人的想法，想要弄清楚所有人为什么要这样做决策，根本不可能。在这种情况下，建立在少量数据分析基础上的预测其实根本不可靠。

如果进一步分析，我们就会发现股票市场还将受到各种意外事件的影响，其整个发展曲线出现变动是常态，而这种意外频发的情形，是人们无法预测的，因而股价预测的精准度自然也就无法得到保证。以最近两年为例，2019年年底出现的新冠肺炎疫情彻底打乱了国际股票市场，并直接导致2020年年初出现了熔断；2021年巴以冲突，也对全球股市造成了严重冲击，接下来就是2022年俄罗斯与乌克兰战争，直接引发了全球市场的动荡。在这些意外事件的影响下，个人对股价的预测精准度根本无法指望。

因此，那些试图预测股价的人难免会因为自己的错误操作而导致亏损。他们可能会过高估计股价的上涨，也可能会错误地认为股价会继续下跌，从而给投资带来巨大伤害。段永平不去预测市场和股价，而是将精力集中在对企业价值的挖掘上；他也不关心股价什么时候会上涨、能涨到多少，而是通过价值分析和评估，猜测股价一定会上涨。只要企业的发展空间大，只要企业未来能够实现持续的较高的盈利，那么自己根本没有必要关心股票什么时候会涨价，也不用担心会上涨多少。很多人爱煞有介事地对股价进行计算和评估，而段永平只看公司的基本面，对股价究竟如何毫不在意，也不会过分关注股价的波动。

许多投资者在投资时，喜欢给自己设定一个具体的回报率目标。如果没有实现这个目标，他们就会变得很沮丧，进而放弃这笔投资；而一旦实现了目标，又会继续大举投资。这样的投资方式，明显是错误的，因为能否实现目标，人们根本没有绝对的把握，在股市这种变幻莫测的场合，无论人们制定什么样的目标，都有可能失败。

段永平从来不会对预期回报抱以太高的期待，也不会设置预期回报，按照他的说法：

"第一，我从来不设回报预期，因为投资回报本来就和预期无关。我对投资的认知是，过程比结果重要，谋事在人，成事在天，只要过程对了，结果自然会好。

"第二，长期而言，跑过银行存款是最基本的要求，不然就是瞎忙活。

"第三，长期投资回报至少要做到保住购买力不变才叫不亏，无论如何，不该跑不过通货膨胀或国债利率，能跑过黄金就非常理想了，经常看到人们对平均每年15%+的回报非常不屑，我不是很理解，好像他们一出手就是5倍、10倍。"

段永平认为，那些试图预测股价，试图预测投资回报的人，往往比较贪心，并没有耐心去经营自己的投资项目，故而喜欢用一年的回报率来衡量整体的回报率。段永平早就说过，大资金的年回报率是没有机会涨到特别高的水平上的，那些顶级的投资机构和投资公司很难实现太高的年回报率，只有那些小资金才有机会，他们可能会获得超过50%的年回报率。但这些人一方面只是少数，另一方面他们也无法做到每一次都能够那么幸运，更多时候就像赌博一样，在某一次或者几次投资中获得高额回报。但整体上来说，回报率依然不高，而且获得的回报本身因为资金量小而很有限，他们是无法和那些大机构、大公司相媲美的，人们也不要觉得这些小资金比大机构更厉害。

一个出色的投资者不会过分看重投资的目标，而会将市场先生看作投资机会的创造者，会为自己创造一些价格和公司价值不符的投资机会。即便某人给自己定了15%或者20%的投资目标，市场先生也不会传授他如何去实现目标。实际上，投资回报和个人的努力程度以及努力意愿都不是直接相关的。在日常的工作中，一个工人如果每小时可以生产更多的产品，那么收入往往也会增加，可是对于投资者来说，并不是投入的时间更多、思考更努力，就可以获取更多的回报。人们期待中的回报率未必就会实现，这也是投资的一个常见现象。考虑到市场的不确定性因素太多，即便是那些顶级的投资者也无法保证自己一定可以实现目标，但他们会坚定自己的追求，严格约束自己的行为，按照价值投资的理念和方法进行投资，确保自己的过程不会出错，不会有什么不合理或者冒险的举动。对他们而言，只要过程不出错，那么回报自然会出现，至于多少并不是自己可以控制的。与其花费时间在一个不确定能够实现的具体投资回报率上，还不如集中精力盯着风险，确保自己不会亏钱。

总的来说，段永平建议人们在投资方面保持理性，只要选定了合适的企业，就要对公司的发展和股价的涨跌保持平常心，不要试图去预测更加具体的数据。

## 关注生意本身，而不是市场

著名的经济学家凯恩斯在《就业、利息与货币通论》一书中提到一个特殊的概念——"选美比赛博弈"。他认为"专业投资大约可以比作报纸举办的比赛，报纸上发表一百张照片，要参赛者选出其中最美的六张，谁的选择结果与全体参加竞赛者的平均偏好相似，谁就可能获奖。在这种情形下，每一个参加竞赛者都不选他自己认为最美的六个，而选别人认为最美的六个。运用智力，推测一般人认为最美者"。

选美比赛博弈的关键就是选择他人认为美的那个人，而不是自己认为美的人。在选美比赛开始之后，人们会关注他人的举动，按照他人的偏好做出选择，即便他们已经有了"最美之人"的理想人选，还是愿意寻求别人的意见。显然，人们在选择某些东西时，并不总是依据自己的兴趣爱好来判断，而是会注重观察自己是否和大众的认知存在偏差。

在生活的很多领域，都存在这种特殊的博弈思维，在投资领域更是如此。很多人在购买股票时，喜欢盲目跟风，看看哪只股票买的人最多，看看哪只股票最被人看好，然后跟着多数人去选择。这些人更加看重市场的表现，对股票本身的价值并不关心，对自己的生意也没有太多的关注。正是因为这种思维，他们在投资股票的时候，很容易受到市场的影响，做出错误的判断。

如果对股票投资进行分析，我们就会发现，人们每天都要面对不同的人，而所有的参与者就构建了一个市场。有人曾这样说道："设想你在与一个叫市场先生的人进行股票交易，每天市场先生一定会提出一个他乐意购买你的股票或将他的股票卖给你的价格，市场先生的情绪很不稳定。因此，在有些日子市场先生很快活，只看到眼前美好的日子，这时市场先生就会报出很高的价格；其他日子，市场先生却相当懊丧，只看到眼前的困难，报出的价格就很低。另外，市场先生还有一个可爱的特点，他不介意被人冷落，如果市场先生所说的话被人忽略了，他明天还会回来同时提出他的新报价。市场先生对我们有用的是他口袋中的报价，而不是他的智慧。如果市场先生看起来不太正常，你就可以忽视他或者利用他这个弱点。但是如果你完全被他控制后果就不堪设想。"

在股市当中，大部分股民都是亏损的，其中一个很重要的原因就在于他们缺乏独立思考和分析的能力，缺乏独立投资的魄力。许多股民因为能力问题选择盲从大众的想法，而有的股民其实是有投资能力的，也能够选择好一只看起来不错的股票，但是他们更加看重市场，更加在乎市场的整体表现，因此很容易牺牲自己的分析和选择，依赖大众思维做出投资决策。如果对很多优质项目进行分析，我们就会发现它们一开始都不太受投资者关注，或者当股价出现波动时，它们就被人忽略和抛售。如果只看市场表现，投资者肯定不会看好它们。只有那些关注企业发展本身的人，才有机会把握住发展的机会，成为市场上的赢家。

比如期货市场上就存在一种非常独特的"市场心理指标"：如果80%的投资人看好某个项目，那么该项目的行情就会下跌；反过来说，一旦80%的人不看好这个项目，那么行情往往就会不断上涨。这个市场心理指标在一定程度上就是一种市场盲从的表现，它缺乏足够的理性。

　　投资人麦克·普莱斯曾掌控价值130亿美元的共同股份基金，这个基金在20年里翻了2600倍。除了坚持价值投资的基本理念之外，普莱斯选股很有意思。他非常善于"在废墟中挖珍宝"，避开毫无价值的热门股，选择毫不起眼的股票。在他看来，越是不起眼的股票，价格越低，可能蕴含的能量就越大，当那些高价的热门股泡沫开始破裂时，他所选择的优质股便开始不断上涨。

　　市场本身具有迷惑性，大众投资者很容易受到蛊惑，所以在投资股市的时候，人们要同市场先生作斗争，要避免被市场先生控制。毕竟只有那些不按照市场先生的意志去执行的人，才有机会摆脱市场的困扰。段永平说："投资的本质在于生意本身，对市场的关注越高，投机的成分越高。所谓的'价值投资者'，在买卖股票的时候，通常不会在乎该公司现在及未来会不会成为上市公司。"在他看来，投资者应该关注生意，关注自己所选择的股票的价值，只要相关企业的内在价值很高，只要自己对这只股票充满信心，就值得购买。

　　这里有一件趣事：据说在购买苹果股票之前，很多人都劝说段永平要冷静，不要冲动行事；因为苹果的股价当时已经很高了，大家都认为它不可能存在更大的增长空间，毕竟一棵树不可能长到天上去。段永平没有听他们的话，坚持购入苹果公司的股票。不久之后，段永平想着应该和巴菲特聊一聊苹果的事，希望巴菲特也能购买，同时也可以了解一下对方的想法，结果芒格那时候公开表态说伯克希尔公司不会购买苹果公司的股票，因此他只好放弃了。多年以后，当伯克希尔不得不以更高的价格购买苹果公司的股票时，段永平才和巴菲特聊起了自己曾经的想法，巴菲特此时也觉得可惜。

很明显，无论是谁，都要保持独立思考和独立分析的良好习惯，要懂得将注意力集中在企业价值的挖掘和评估上，而不是看市场上哪只股票最受欢迎。段永平一直强调投资者要尽量远离市场，他说过："任何考虑市场的行为都是不妥的。你只是考虑你自己持有的公司以及换入别的公司，或别的投资，或持有现金的机会成本而已。如果是好公司千万别轻易卖掉，不然往往很难买回来。"

总的来说，投资者在投资股票时，要坚持选择那些自认为好的股票，而不是选择市场推荐机制下的选项。人们要打破选美比赛博弈思维，主动去寻求优质的股票和项目，同时长期持有那些优质的股票，不要被市场波动影响，也不要因为其他人的选股而出售自己持有的优质股。

## 投资需要做好充分的准备

在面对股市的时候,段永平的一条重要原则就是不预测,但不预测并不代表什么也不去做,一切都靠运气。实际上,为了减少投资当中出现的错误判断,降低投资的风险,投资者真正需要做的是,提前做好一些基础的准备工作,而不是盲目采取投机的操作方式。严格来说,从长线投资的角度来看,充分而必要的准备是做好长线投资的基础。

比如,在最近几年的股东会(无论是伯克希尔股东大会,还是每日期刊公司年会)上,芒格都在信中谈到了中国经济的发展问题。他认为中国在发展中创造了奇迹,而且出现了一大批优秀的企业,它们展示出了强劲的发展动力。但是与之相对应的是,中国的大部分股民还没有建立起真正的投资意识,他们基本上都是用投机的心态来看待投资的,或者说大部分中国股民所谓的投资都是投机,他们不太愿意花费时间对自己要投资的企业进行分析和评估,至少不会进行详细的分析。芒格认为这非常愚蠢,尤其是在一种经济高速发展的环境中,人们完全有机会找到非常出色的投资标的,但是毫无准备的投资模式摧毁了很多好机会。

芒格说过,买股票就是买公司。按照芒格的说法,人们不应该草率地进行投资,而要懂得观察和分析,做好充分的准备工作,确保自己足够了解投资标的，提高投资的成功率。在信中，他积极展示了自己的投资理念和投资方式，其中有一个流程非常重要，那就是芒格愿意在学习和思考上花费大量时间，这些时间比他采取投资行动所需的时间要多得多。在他看来，投资前的准备工作必不可少，而且比投资行动要重要。

段永平也持有相似的观点，投资的输赢结果不是自己能够完全掌控的，一些不确定因素往往会毁掉一个好的投资机会。但人们需要做好最充分的准备，只有做好了准备，才能够更好地应对股市的变动，才能找到更合理、更安全的选股方法。

比如，段永平建议人们在投资之前先选择一些目标公司，然后花时间进行调查，尽可能多维度地了解目标公司的运营情况，确保自己可以比大多数投资者甚至比大多数专业人士更全面地了解公司。比如，看看公司的基本面信息（尤其是一些财务报表上的数据），了解公司的产品和竞争力，看看公司的商业模式和企业文化，弄清楚公司的战略规划和业务布局。

芒格说他会从产品、市场、商标、雇员、分销渠道、社会潮流等多个方面入手调查一家公司，他称之为"扣动扳机之前的检查"。这些检查项目非常多，包括目前的价格和成交量，交易的行情，经营年报的披露时间，是否存在相关敏感因素的干扰，明确是否要制定随时退出投资的策略，计算好投资该项目的钱的机会成本，弄清楚自己的流动资金是否充足，如果不足，是否有必要融资和借贷，是否要通过出售其他资产来筹集资金。段永平也许并不喜欢那么复杂的工作，但也会尽可能全面地了解目标企业，对企业的竞争优势和价值进行评估。在估值方面尽管一直坚持大致估算的策略，但这并不意味着他不够重视对数据的收集与分析。比如在投资网易之前，他专门咨询了律师，拒绝盲目投资；在投资苹果之前，他花费数年时间进行了调查，直到看懂了苹果公司的经营模式；在投资茅台的时候，他还专门拿茅台酒去送检，公布检验的报告。他之所以如此谨慎，就是为了避免在没有做好准备的前提下贸然行事。

段永平有一个非常出色的理念：敢为天下后。和很多投资者争先进入市场，想办法成为第一个或者第一批吃螃蟹的人不同，段永平更加倾向于做一个市场的跟随者。即便某个市场有很大的发展潜力，他也不会轻易进入，而是会等到这个市场变得更加成熟时，才选择合适的时机投资。这其实也和他创业有关，他在创办小霸王与步步高时，都不着急直接入市，而是在认真观察和分析行业的发展后，寻找机会启动自己的计划。在投资时，他也是这样，遇到很多好的项目，都是先等一段时间，弄清楚行业的发展与企业的发展情况后再出手，而不是盲目出击。

对于巴菲特"3~5年观察时间"的评判体系段永平还是颇为认同的。巴菲特说过，投资者如果投资一些复合年化达到15%~17%的股票，应该花3~5年时间进行观察和评判，了解标的公司3~5年的基本面，才能做出是否投资的决定。

为什么巴菲特和段永平都认为人们需要设定一个观察时间，而且最短也要三年？这其实和人类经济活动的周期有关。美国经济学家约瑟夫·基钦认为，人类经济活动的最短周期是三年，其理由是：工厂如果生产过剩，会产生存货，这些存货积压到一定程度后，厂商会逐步减少生产，以确保生产和销售达到平衡，这时，就会出现库存有节律波动的经济现象，也即所谓的基钦周期或库存周期，其对股市有很大的影响。比如，当基钦周期处于扩张期时，大部分经济活动也开始扩张，股市容易进入牛市；而当基钦周期处于收缩期时，股市就容易进入熊市。面对这种情况，很多公司会选择发行三年期定开的公募基金，想办法找准基钦周期的发展脉络和所处阶段，按照规律正确踩点，以便把握更多的机会。普通投资者选择3~5年的观察期，正好对应了基钦周期，可明确了解目标公司的发展状况。

其实，无论是几年时间，最重要的是认真做好观察和分析，尽可能准确地掌握更多的信息，提高评估的精准度和投资的成功率。

## 投机不等同于投资

很多人常常把投机行为也当成投资，并认为投机是一个更加实用、更容易挣大钱的投资模式，但是对于真正的投资者来说，投机是一种非常不理性的行为，而投机者也不是真正意义上的投资者。投机者大多热衷于冒险，不看重企业的内在价值和未来的发展趋势，而是将重点放在波段操作上。简单来说，就是在一个波段起伏中，尽可能低价买入、高价卖出。

段永平曾经对投机者与投资者的区别做出过解释："投资者与投机者最实际的区别在于他们对股市运动的态度：投机者的兴趣主要在参与市场波动并从中牟取利润，投资者的兴趣主要在以适当的价格取得和持有适当的股票。"在他看来，投机者都是典型的短视主义者，只看到眼前的获利机会，对企业内在价值并不关心，对企业的发展潜力也不太关注。他们更加关心的是企业的股价什么时候会增长，什么时候会下跌，然后预估增长的极限和下跌的极限在哪里。

假设一家公司当前的股价为23元每股，那么投机者所想的是，明天或者后天，股价是否会上涨到27元每股，或者说两三天后是否会跌掉一半。而投资者可能会更加看重这家公司的内在价值，未来的股价是否能够达到

50元，甚至在几年之后上涨到230元。尤其是价值投资者，可能会更加看重企业未来10年或者20年的发展前景。而投机者与此不同，他们在投资一家公司之后，可能会多次买入、多次卖出，每一次都是凭预判上涨和下跌的趋势做决定，而投资者买入之后往往会长期持有，等待着未来某一天再卖出。

相比于投机，投资者追求更加稳健的操作，而投机者更加注重冒险。段永平认为或许每个人都有一颗投机的心，投机比投资更难学，但投机刺激好玩，所以大多数人还是喜欢投机这种风险更大的游戏。巴菲特说过："投资与投机之间永远是一线之隔，尤其是当所有市场的参与者都沉浸在欢愉的气氛当中时更是如此，再也没有比大笔不劳而获的金钱更让人失去理性的了。在有过这类经验之后，再正常的人也会像参加舞会的灰姑娘一样被冲昏了头，他们明知在舞会中多待一会儿——也就是继续将大笔的资金投入到投机的活动之上，南瓜马车与老鼠驾驶现出原形的概率就越高，但他们还是舍不得错过这场盛大舞会的任何一分钟，所有人都打算待到最后一刻才离开。但问题是这场舞会中的时钟根本就没有指针。"

为了抑制投机心理，段永平认为投资者需要建立自己的信仰。"信仰是指要'做对的事情'，而'做对的事情'就是不做明知错的事情。巴菲特之所以厉害，最重要的一点就是他能坚持不做他认为不对的事情。坚持非常不容易，因为往往'不对的事情'是有短期诱惑的。"

有人曾经让段永平谈论人工智能的投资前景，他表示自己对这一行业并不清楚，无法给予什么投资建议。针对行业中存在的投机现象，他很无奈地表示："估计以后那些投机大师都是要靠拼谁的钱多、能买到更先进的机器，然后钱就都让那些狗狗公司赚了。所以，最后赚钱最多的还是投资那些狗狗公司的人。"

在段永平看来，投机只是一种零和游戏，某个投机者挣的钱，恰好是其他投机者亏掉的钱。相比之下，投资本身看重企业价值的增长，依靠企业的发展来获利，其所得是企业带来的一种利润。

所以，段永平多年来一直都呼吁人们要采用投资的策略，而不是用投机的手法去炒股、用投机的心态去面对股市。

首先，投资者要改变经常进行技术分析的习惯。比如很多人投资股票，一天到晚盯着K线，或者盯盘，这种行为很容易让人产生一种不良的投资习惯和投资思维。段永平说过："我也看过几天K线图，就是不明白，所有人都看同一张图，为什么会得出相反的结论。后来，我不看图，不看线，不看盘。我从来没用K线图决定过投资。看个股价不需要看图看线的，偶尔看一下就可以了，常看容易短视。"投资者应该先认真评估和分析企业，寻找一家发展潜力很好的企业，在锁定目标后坚决出手，不要总是关注K线，也不要频繁盯盘，只需要偶尔看一两次就够了，然后耐心等待企业的发展，等着股价上涨。

其次，要认清投资的本质，意识到投机是一种高风险的行为，普通人既没有足够的能力来做好投机工作，也没有足够的资本来承担投机带来的风险。投机的风险非常大，而且几乎在短时间内就可以产生很大的亏损，给投资者带来很大的经济压力和精神压力。炒股的人必须更清醒地认识到投机的危害性，如果他们想要炒股，最好采取投资策略，寻求更高价值的企业作为标的。

再次，投机的人往往比较短视。炒股的人要有更长远的目光，不能停留在下一刻能不能挣钱这样的事情上。稳妥的做法是：制订一个更长远的计划，选择一个能够带来持续回报的企业，即便回报率并不那么高，但只要利用好复利,就能够有效积累财富。

　　最后,人们应该分清投机和投资,尽可能选择稳健的投资策略,将注意力放在企业的价值和成长上,而不是专注于寻找和判断企业的波段。只有立足于价值分析,才能够真正在企业的成长中获得更多的收益。

## 价值投资才是炒股的精髓

在谈到国内外投资者对投资的认知有什么不同时,段永平谈到了价值投资:"我在美国见过很多普通投资者,他们对价值投资的理解都非常深刻,回国后,我跟大家聊的时候,哪怕已经做得很大很有名的人,聊起来都会让我哭笑不得。很多'买入并持有'的人,实际上也是投机分子,因为他们其实不知道自己买的是什么,买了以后需要整天问别人怎么看,在被套时就拿出'长期投资'来安慰自己。要知道,没有什么比买错股票并长期持有伤害更大的了。"

段永平非常推崇价值投资,他的投资理念和投资方法也是价值投资的具体体现。价值投资实际上并不是段永平的发明,也不是巴菲特的发明,它在20世纪30年代就已经出现了,那个时候的价值投资处于原始阶段,大家特别关注资产价值、账面价值和清算价值。接下来,价值投资有了进一步的发展,投资者在资产价值的基础上开始考虑盈利能力,未来的企业具不具备盈利能力,价值投资再发展下去会是什么,这已经成为大家思考的问题。

价值投资的第三个阶段,大家除了考虑企业资产价值盈利能力,还要考虑增长的价值,看看未来的增长能不能保证它成长为一家伟大的公司。

传统、教条的机制投资，一直都在强调要购买便宜、被低估的股票，很多人只看重廉价，而忘了去深入挖掘一个问题，即为什么它会这么便宜。事实上，除了经济危机、初创企业、股价波动等因素之外，大部分时候，多数便宜的股价都是源于内部的低价值。所以价值投资理念不断进化，到了巴菲特这一代，已经成为很多投资者的投资圣经。

按照现在的发展状态，价值投资的理念主要有四个观点：

第一，股票是公司的部分所有权。在价值投资理念中，股票不仅仅被当成一种可以买卖的证券，实际上它还是公司所有权的一份证书，购买股票的人同时也掌握了公司的部分所有权。按照这个概念，投资者不是单纯地投资证券，而是投资一家公司。而公司本身会随着国家经济的发展而发展，会在市场经济的作用下不断创造价值，而这个时候，持有股票的人也会因为持有部分股权而实现利益的增长。事实上，人们以股东形式支持一家公司并因为公司价值增长而获益的道路，是可持续的。人们可以按照这种正确的方式不断获取利益，只要他们锁定的公司具备持续创造价值的能力，而这些，其实只要人们盯住公司的基本面就可以做出判断。

第二，理解市场是什么。人们购买股票，从形式上来说，其实还是为了通过证券交换来实现个人的收益。在这个买卖股票的市场中，永远都有参与者在叫价，整个市场就是一个服务平台，为人们提供交易的机会，通过买入和卖出实现收益的增长。但市场本身从来不会告诉投资者什么是价值，真正的价值是多少，什么公司才具有高价值。市场只是提供价格，为人们买入和卖出提供一个数据支持。如果投资者将市场当成老师、当成一种标准，认为市场反映的情况就是真实情况，那么就可能会遭遇重大的失利。投资者必须弄清楚一点，市场只是一个平台、一个工具，它无法告诉人们怎样买入和卖出是合理的。

第三，投资的本质是对未来做出预测，但预测结果并不是完全正确的，这个结果的跨度很大，有可能接近0，也有可能会接近100。所以无论人们做出什么判断和预测，都要想办法留出一个很大的空间。比如人们估计一家公司的内在价值会达到100亿元，那么为了安全起见，可以对这个价值打个折，暂且估为60亿~70亿元，而打折减掉的30亿~40亿元，其实就是一个安全边际，这是为了应对预测结果出现偏差而设置的，可以提升投资的安全性。如果将这个安全边际具体化，那么人们一定要确保自己买入的价格大大低于公司的内在价值。安全边际的概念实际上和前面两个因素息息相关，因为股票是公司的一部分，而公司本身是有内在价值的，市场则为人们提供了交易这份内在价值的平台，因此人们最好选择在价格远远低于内在价值的时候购买，然后当股票价格远远超出公司的价值时选择出售。这样做就是为了使自己出现错误预测或者偏差时，可以不亏钱或者少亏钱。

总的来说，由于不能做到百分之百准确地预测，人们需要预留出足够的安全边际。比如，当人们做出错误预测时，由于安全边际的存在，自己可以少亏钱或者不亏钱；而当预测的准确度很高时，人们又可以在安全边际的基础上获得更高的回报。

第四，构建自己的能力圈。一个优秀的投资者需要在不断的实践中认识自我，构建一个自己的能力圈。在能力圈范围内，人们可以建立自己的优势，对相关企业和行业产生更深刻的理解，或者对公司的长期表现做出更准确的判断。在能力圈范围之外，人们需要对自己不了解、不能做到的事情保持谨慎态度，避免受到蛊惑。

能力圈概念实际上最重要的就是设置好边界，边界明确的能力才是真的能力。为什么要提出能力圈的概念以及设置能力边界呢？其实主要和市场有关，市场本身会反映很多问题，其中一项就是反映出人性的弱点，比如说贪婪，比如说盲从。每个人都可以在投资市场上看到真实的自己，看看自己身上有什么问题，有什么不足之处。

一般来说，价值投资者在短期内的表现可能不尽如人意，甚至可能低于整个市场的平均水准，但只要把握好了以上几个要素，就可以有效掌握价值投资的精髓，在更长的时间内展示自己的投资优势，从而在投资领域更高效地获取财富。

—

第二章

买股票就是买公司

—

## 买股票要当成买公司一样对待

在很多时候，人们购买股票只看重它是涨是跌，单纯地按照股票的发展趋势来选股，依据这只股票过去的发展情况进行分析和预测，往往只是投机和赌博的行为，这样的投资往往很难真正挣到钱，而且风险很大。

比如有人发现一只股票在过去很长一段时间都在上涨，那么他可能会按照股票过去一段时间的表现，推测出这只股票还会继续上涨，这个时候他的分析根本站不住脚，当他大量购入这只股票之后，股价开始大跌，高位接盘的他可能一下子就跌去30%的资金。

又比如，某人发现某只股票在过去一个月持续下跌，所以一直选择观望，等到股票下跌到一定程度后，他坚决出手，买入了大量股票，然后想着可以抄底，等着股价升温就可以大赚一笔。可是没想到股价继续下跌，并且之后再也没有上涨过。

其实这两种情况都是投资股票时经常遇到的，很多投资者可能会感叹自己运气不好，明明选择了好股票，却遭遇了不断的亏损。但事实上真的只是运气差吗？真正的问题在于他们没有认真分析公司，或者说没有想过股票的走势源于公司自身的发展情况。一家公司本身就存在很大的问题，缺乏持续增长的实力，那么它的股价不可能会持续上涨，最终会停留在一个反映企业内在价值的位置上。很多股票缺乏后劲，而有的股票会持续下跌，正是因为它们本身就不具备支撑高股价的基础。

真正的投资，应该关注股票背后的公司，人们对股票进行分析的背后其实也是对公司进行分析。或者也可以说，选股的本质就是选择公司，购买股票的人应该将其当成购买公司一样。这里所强调的内容主要是：要求投资者必须认真选股，认真分析公司的基本面，了解公司的相关信息，尽可能确保自己可以投资一家优质的公司。如果一个人想要购买一家公司，肯定会对公司的营收情况、现金流、负债、股价、净收益等情况了如指掌，肯定要对公司在行业中的处境进行仔细分析，对公司的商业模式、企业文化、战略方向和决策意图进行汇总，全方位地了解公司，这样才有可能选择出一家真正合适的公司。

人们对于股票的判断应该基于对公司的判断，只有把握好那些具备发展潜力的公司，把握好那些真正有内在价值和持续竞争优势的企业，人们的投资打水漂的可能性才会减少，才真的有可能会带来丰厚的回报。所谓的买股票就是买公司，就是要求人们选择那些优质的公司入手。段永平曾经说过，投资者在选股时，应该看看企业的内在价值，要选择那些优质的公司，而不是随便选择一只股票。

价值投资是一种自下而上的策略。许多人坚持自上而下，但难度非常大，因为人们很难精准地踩住宏观经济和时代发展的节奏。著名投资人塞思·卡拉曼就推崇自下而上的选股方法，将注意力集中在每家公司的业务基本面上，对每一家公司的发展做敏感性分析和压力测试，了解这家公司的真实情况。这是投资者必须要做的工作，如果单纯地想偷懒，或者只是想着按照最简单的判断方法来选股，很有可能会选到一只垃圾股。

关于价值投资，关于股票购买，段永平曾这样描述道："价值投资者买股票时总是假设，如果有足够多的钱，我是否会把整个公司买下来。"在段永平看来，一个股票投资者就是一个非常专注的公司购买者，一旦选择了一只优质股票，那么必定会有这样一种自信和冲动：我必须全力以赴地集中资本进入，绝对不要浪费这样的机会。按照段永平的说法，一个出色的投资者会寻求更优质的公司，并且直接想办法集中投资，而不是犹豫不决。

巴菲特在选股时非常谨慎，经常要花费好几年的时间，当他看准了一只股票时，他会想办法将其全部收购。在他的投资生涯中，发生过多次全资收购的事情，就像投资喜诗糖果一样，他不会轻易放弃这样好的机会。段永平在投资那些优质企业之后，也经常会后悔自己当初没有多投入一点资金。

有些人喜欢投资那些上市公司，认为上市公司的实力肯定更强，发展状况肯定更好，但实际上，许多非上市公司一样具备巨大的投资空间。对段永平来说，只要公司具备很高的内在价值，就值得投资。他曾经说过："买股票就是买公司，和上不上市无关。"他觉得过去很长一段时间里，人们很容易为上市公司这样的身份所迷惑，但真正的问题在于，投资并不是选择一家有身份有地位的公司，而是要看这家公司是否具备价值，是否会给自己带来足够的价值回报。

比如，有人曾经问段永平，平时是如何在上市公司中选股的，段永平回答说："我采用的大概叫守株待兔法，没有太系统的办法，也不每天去找，碰上一个是一个，反正赚钱也不需要有很多目标（巴菲特认为一年一个主意就够了）。有时候你感兴趣的目标会自己跳到眼前的。当然前提是我还是挺关心的，总是会经常看看各种东西，有时和朋友聊天也会有帮助，每天聊可能就有坏处了。"

段永平也认为，一些公司想办法寻求上市机会，疯狂地取悦资本，但本身的价值可能并不高，发展存在很大问题。这样的企业，段永平会想办法远离，绝不会冲着一个可有可无的虚名进行投资。

其实，"买股票就是买公司"的观点，有一个最基本的内核，那就是投资的本质就是寻求更高的价值回报，只要一家公司具备价值，且能够提供这种价值回报，那么就没有理由拒绝。对方的股价是否一直在上涨，是否准备上市，或者是不是一家上市公司，根本不用看。

## 重点关注标的公司的企业文化

2011年1月，段永平带领员工集体购入苹果公司的股票，当时的股价大约是47美元，而这样的股价不算低了，不少人觉得段永平过于冒险。就连他崇拜的巴菲特也不看好苹果公司的发展，更不打算购买苹果股票。在大家的思维中，苹果公司的繁荣是乔布斯一手促成的，而乔布斯当时身患癌症（2011年10月去世），基本上已经决定退位，也已经选好了继任者库克，一旦乔布斯退位或去世，苹果公司是否会快速沦为平庸呢？大家不敢想象没有乔布斯的苹果是否还拥有创新的灵魂，更何况库克只是营销出身，也许擅长管理和销售，但在创新方面是否同样出色呢？外界都一致看衰苹果的未来，认为这家公司迟早会出现大幅下滑和倒退。

可是段永平没有这样去想。此前，他也曾质疑过苹果，也正是因为如此才错过了在更低价位上购入苹果股票。但经过多年的观察，他发现苹果公司已经建立起了非常好的生态系统和企业文化，已经是最出色的科技公司之一。有一次，有人询问他如何判定股价是否便宜，他举了苹果公司的例子："如果你觉得苹果值5000亿美元的话，那3000亿美元就是便宜，虽然它曾经只有50亿美元的市值。"

段永平从自己的答案中找到了投资苹果公司的理由，他觉得苹果公司的价值被严重低估了。他认为，苹果的产品是世界上最好的，用户体验和消费者导向已经做到了极致，吸引了一大批忠诚的顾客；而且苹果拥有自己的生态，无论是iOS还是丰富的APP，都使得它的产品具有很强的用户黏性，且构建起了强大的护城河，这一点至关重要；加上出色的营销能力，苹果公司势必在很长一段时间内受到消费者的青睐。段永平还相信，库克会是一个非常不错的管理者，因为库克足够理性，非常了解市场，这是推动苹果扩大市场影响力的重要因素。

当然，最重要的一点是：苹果是一家有着利润之上追求的公司。简单来说，就是苹果公司不是单纯地追求利润（尽管它的产品利润一直是行业内最高的），它有着更高的追求，比如积极建设创新文化，改变人们的消费习惯，给人们带来更大的便利和更好的体验，推动行业技术的进步。相比于如何挣到钱，苹果公司的确非常看重对人类生活方式的契合与改变，这是很多竞争产品不具备的。比如很多手机品牌只想着性价比，但从另一个方面来说，性价比其实就是功能和技术不足的潜台词，为了所谓的高性价比，人们也许就会放弃创新。

正因为拥有良好的企业文化，段永平认为即便没有乔布斯，库克也能带领苹果走向辉煌，因为乔布斯已经为这家公司注入了文化基因，依靠企业文化的引领，苹果公司就可以保持一个良好的发展势头。不仅如此，段永平还大胆做出预测：未来，苹果公司的股价肯定会涨到600元（在这里，他按照人民币的价格来评估）的估值。因为他在经过估算后，意识到苹果的盈利在之后的两三年时间内可以实现翻倍，每股的盈利可能有40~50元/年，再加上那时苹果股票的每股现金有100余元，可以说，股价上涨到600元是完全可能的。段永平很兴奋地对身边人说到，在这样的企业文化中，苹果公司未来可能会成为世界上第一家年利润超过500亿美元的大公司，将来也会成为第一家市值过万亿美元的超级公司。事实是，段永平的预言非常准确。

段永平曾说过："从5~10年的角度看，CEO至关重要。从10~50年的角度看，董事会很重要，因为董事会能找出好的CEO。从更长远的角度看，企业文化更重要，因为一个好的企业文化可以维持一个好的董事会。GE就是一个好例子。好的公司之所以是好公司，必然会有些好的产品，但所谓好的产品的寿命是非常有限的。所谓好的生意模式可以让好的产品的寿命大幅提高。"

那么，什么是企业文化呢？段永平认为，企业文化就是一个团队的使命、愿景、核心价值观：使命是团队成立的原因，愿景是人们需要做什么，实现什么目标，核心价值观强调哪些事是对的，哪些是不对的。他认为企业文化是企业实行长远发展的关键要素，一个企业的产品是可以模仿和替代的，但是文化则不可模仿。如果企业是一个木桶，那么企业文化就是木桶的底板，企业文化建设不成功，整个木桶就无法装水，如果有深厚的企业文化底蕴，那么其他的短板也可以及时补上。

关注企业文化，是定性分析的一个重要内容，也是价值投资的重要内容。在现实生活中，很多投资者都会忽略企业文化，在评估一家企业时，往往看重企业一年挣了多少钱，企业的销售额达到了多少，企业的生意规模有多大，企业的账单有多出色，企业的生意伙伴有多少，以及占据了多大的市场份额。但这些可以用数字来表达的东西，往往只是一些表象，并不能真正反映出一家公司强大的业务能力和良好的发展空间。就像诺基亚手机一样，当年曾一度占据了全球市场80%以上的手机份额，更是将一众手机品牌吊打，但这些突出的业绩并没有让诺基亚的辉煌持续下去。进入千禧年之后短短几年时间，诺基亚就因为痴迷于落后的塞班系统和守旧的技术，而导致市场被三星和苹果快速瓜分，最终诺基亚手机在市场上销声匿迹。

一个真正优秀的投资者，不仅会关注一些账面上的信息，进行定量分析，还会对企业进行定性分析。而企业文化，就是定性分析最重要的内容之一，因为企业文化是企业发展的基因，良好的企业文化可以让企业基业长青。一家企业如果缺乏企业文化，或者说企业文化不健康，那么最终是难以具备持续发展的动力的。

那么，普通投资者该如何去了解和体验公司的企业文化呢？这里所要求的，并不是简单地去企业的官方网站进行查询，而是要对公司的经营管理做一个基本的了解，从其产品和服务上来感受。苹果的创新文化，就可以直接从其产品中体验和感受到；海底捞的服务文化，从人们走进海底捞的那一刻起，也可以感受到。这些非常直接的体验，能够帮助人们尽快地做出判断。

了解企业文化，还可以通过了解企业的经营管理方法来实现：看看企业在市场上的表现如何，看看企业内部的员工是如何工作的，看看企业管理者是如何管理员工的，通过近距离观察企业的日常工作来了解企业的真实底蕴。一般情况下，投资者可以进行实地考察，或者近距离观察其工作者的状态，掌握第一手资料。

段永平说："企业文化其实非常实在，建议你看看苹果的发布会，体会一下是不是虚无缥缈的企业文化。建议你从现在往前看10年的发布会，看完你会有体会的。基本上就是听其言观其行，看这家公司过去都说过啥，都怎么做的。比如我对苹果开始感兴趣后，几乎看了苹果所有的发布会以及能找到的库克和乔布斯讲过的东西，也用了很多苹果的产品。"

总的来说，投资者一定要挖掘企业发展最具代表性，也最能够体现未来发展趋势的东西，比如企业文化。

## 选股时，要寻找良好的商业模式

投资大师鲍勃·科比曾提出过一个名为咖啡罐式组合的投资概念。他认为，投资者只需要买进那些优质股票，然后放在那儿什么也不用管，坐等升值。为什么要叫咖啡罐式组合呢？据说，在美国的西部拓荒时代，人们习惯了将家里值钱的东西放在咖啡罐里，在长年累月的存放中，咖啡罐不会产生任何成本和损耗，而保存的东西可能会增值。而是否实现了价值增长，取决于当初在咖啡罐里放了什么。

原始资本基金及其母公司第一太平洋顾问公司的主管乔治·米凯利斯对这一理论一直非常推崇，并进一步完善了它，提出要购买"咖啡罐型股票"。所谓咖啡罐型股票，指的是5年内，投资者可以不闻不问、却对其稳步升值和发展充满信心的股票。简单来说，就是一只股票即便5年时间不去打理和操心，股价仍旧会不断增长。

事实上，米凯利斯一生都在寻求这样的股票，比如他曾长期持有的梅尔维尔公司股票就是如此。这家公司所在行业本身具有很高的门槛，而它在行业中又处于顶尖水平，几乎没有什么竞争对手。更重要的是，梅尔维尔拥有出色的商业模式和经营技巧，它的购物中心几乎是世界上最优秀的。这些零售技巧和管理风格所构建的商业模式被运用到其他项目上，一样获得了成功,使它在10年之内(1999—2008年),资产从3.5亿美元左右增加到了20亿美元,且公司的红利和账面价值每年都以15%的速度增长,资产收益率平均达到了惊人的24%。有人做过统计,梅尔维尔公司的盈利连续14年处于增长状态,在2009年之前的24年时间里,只有一年时间出现了盈利下降的情况。米凯利斯自从1970年持有该公司的股票以来,就没有怎么过问股票的事,一直放在那里任由它升值,结果获得了18%的复合年回报率。

很多投资者都期待找到一家不需要操心其发展态势的企业的股票,而一家不需要操心的企业,往往拥有良好的商业模式,可以依赖商业模式进行运转,不用担心出现什么太大的问题。比如,很多人都知道谷歌公司拥有惊人的盈利能力,而这种盈利能力正是建立在强大而高效的商业模式上。有人曾做过一个假设,如果直接裁掉谷歌公司90%的员工,其利润总额也许只会下降1%,而剩下的10%的员工即便1个月不去上班,公司依然可以获得惊人的收益。别说90%,任何一家正常的公司,只要裁掉30%的人,必会陷入混乱,如果裁掉50%,基本上就陷入瘫痪状态了。而谷歌的"不正常"正在于此,它即便大裁员,其原有的广告业务、安卓系统的专利费用,以及其他方面的收益,都足够让谷歌公司维持很长一段时间,这就是商业模式的力量。

在谈到选股时,段永平认为最简单、最直接的方式就是先看一家公司的商业模式,如果不喜欢这家公司的商业模式,就不用再往下看了,这样就可以节省很多时间。段永平说过:"商业模式就是公司赚钱的模式,有很多公司几乎可以看到,10年后日子会不好过,这就叫商业模式。好的商业模式是有护城河的,看懂护城河对投资很重要,但护城河不是一成不变的,企业文化对建立和维护护城河有不可或缺的作用。"

在投资过程中，段永平非常看好商业模式。在投资苹果时，他认为苹果围绕着iOS系统来建立属于自己的生态体系，然后通过技术加持来实现产品和APP的销售，这种相对封闭的系统，有一个最大的优势，即可以垄断相关的业务，实现利益的最大化。在投资茅台时，段永平也非常看好茅台的商业模式。贵州茅台在全球范围内都是极具特色的高端白酒稀缺品牌；在国内市场上，茅台酒更是最好的白酒品牌；茅台集团也是国内酒业的龙头公司，其在高端酒的领域具备很强的竞争力，建立了属于自己的护城河。和其他酒类不同的是，白酒通常按照年份定价，而茅台酒在这一方面具备了很大的优势，加上独一无二的品牌优势和自主定价权，使得它成了专门供应高收入、高消费群体的高端酒，这也是它主推社交策略的原因。比如很多人送礼都会选择送茅台，即便是与之等价的其他物品，在产品附加值上也无法和茅台相媲美。不仅如此，茅台集团还非常注重产能限制，每年小幅增产，有效维持市场的饥饿感和期待，以确保茅台不会掉价。

虽然商业模式是一个定性分析的评判标准，但其实它本身也可以进行定量分析："生意模式就是生意模式，就是产生净现金流的模式。好的商业模式很简单，就是利润和净现金流一直杠杠的，而且竞争敌手哪怕很长时间也很难抢。'时间是平庸公司的敌人，是伟大公司的朋友'。你可以想象，谁的生意很难抢，然后再想想为什么。

"一般来说，商业模式经常要看的东西不外乎护城河是否长期坚固（产品的差异化的持续性，包括企业文化），长期毛利率是否合理（产品的可替代性），长期的净现金流（长期而言其实就是净利润）是否满意。"

段永平还讲了一个真实的小故事：有一年，公司的同事告诉他，弟兄们买了很多忠旺集团的股票，麻烦让他看下这家公司。

于是，段永平马不停蹄地坐飞机去这家公司考察，还和集团老总刘忠田以及路长青一起吃了晚饭（路长青好像只是在等我们，没有加入饭局）。回来后，段永平直接告诉同事："我觉得这家公司商业模式一般，企业文化一般，大家卖了吧，无论亏赚，换茅台或者苹果或者腾讯都应该更好啊。"

当时忠旺集团的股价在3元左右，看起来非常低，但实际上净现金流并不好，回报不被看好，结果很多人还是因为不舍得抛售股票而损失了很多更好的投资机会。总的来说，段永平认为商业模式是企业运作的一个基本呈现，如果不看好其商业模式，投资时一定要三思而后行。

## 选择拥有定价权的公司的股票

"竞争战略之父"迈克尔·波特认为一个企业的竞争优势通常具有两种基本形式：低成本优势和差异化。巴菲特在研究波特的理论时，非常认同差异化竞争的观点。他觉得一家企业要做大做强，要赢得市场的关注，最好的方式就是避开红海战略，选择差异化策略来寻求发展优势。而差异化也会成为投资者的一个重要参考内容，毕竟相比于同质化比较严重的企业，巴菲特更喜欢与众不同，能够建立差异化优势的企业，往往更容易建立护城河。

在谈论这类差异化的企业时，巴菲特特别谈到了一个关键的概念：经济特许权。相比于其他企业，那些具有经济特许权的企业往往会成为巴菲特的最爱。那么，什么是经济特许权呢？简单来说就是定价权，企业在提升价格之后，依旧会被市场接受。巴菲特对经济特许权或者说定价权的理解非常透彻："一项经济特许权的形成，来自具有以下特征的一种产品或服务：（一）它是顾客需要或者希望得到的；（二）被顾客认定为找不到很类似的替代品；（三）不受价格上的管制。以上三个特点的存在，将会体现为一个公司能够对所提供的产品或服务进行主动提价，从而赚取更高的资本回报率。不仅如此，经济特许权还能够容忍不当的管理，无能的经理人虽然会降低经济特许权的获利能力，但并不会对它造成致命的伤害。"

一般情况下，考虑到市场经济的运作规律，以及供求关系的影响，商品的价格会不断发生变动，但是这种变动一般和市场变化有关，而不是商家主动加价。从某种意义上来说，在一定阶段的市场环境中，价格具有相对稳定和相对统一的特点，市场本身会约束和惩罚那些主观上随意改变价格的商家。此外，为了维持市场秩序的稳定，政府有时候也会对那些随意改变价格的行为进行干预和处罚，像盐和醋这类生活必需品，价格就是稳定的，政府不允许有人恶意破坏市场秩序，引发混乱。但有些企业是可以拥有定价权的，政府不会出手进行管制，市场也不会觉得企业在破坏行情和秩序，这种定价权就是构建护城河的关键要素。

一个最简单的例子：苹果手机的利润是所有手机品牌中最大的，其成本控制得很好，但定价很高，同样是四五千元的苹果手机，其性能可能只相当于其他品牌两千多元的手机。为什么苹果手机可以卖得那么贵呢？原因在于：苹果公司拥有产品的定价权，其他企业和品牌根本对它构不成什么威胁，即便一款普通的苹果手机卖到8000~10000元，也照样有大批粉丝为其买单。

伯克希尔公司旗下的喜诗糖果，同样具备很大的定价优势。喜诗糖果曾经连续19年选择在每年的12月26日提高糖果的价格，但消费者依然愿意为涨价的糖果买单。很多人都曾质疑喜诗糖果，认为此举不仅会损害品牌影响力，还会导致大量忠诚顾客的流失，但几十年来，喜诗糖果的顾客依旧钟爱这些美味的糖果，相比于涨价，他们似乎更加关心口感是不是变了。

很明显，这两家企业都是各自领域内的明星企业，拥有竞争力极强的产品，能够长时间吸引消费者的关注，能够形成一个比较完美的竞争模式，因此，它们的地位很难被其他竞争对手撼动。从某种意义上来说，这两家公司都具有很宽很深的护城河，基本上不用担心被取代。而这对于投资者来说，是一个非常好的消息，把握一家拥有定价权的企业，通常意味着他们可以在长时间内持有这些公司的股票，并获得不菲的收益。

段永平曾经说过："关注企业应该从关注产品开始，没有例外。强大的产品是必要条件。找到有定价权的公司对投资非常重要，理解他们为什么有定价权也非常重要，不然几个市场起伏就会睡不好觉了。"

对于投资者来说，定价权是一个非常关键的指标，但找到拥有定价权的企业往往很不容易。作为具有强大竞争力的理性标的公司，投资者想要精准地找到它们，往往要做一番详细的调查和分析。比如投资者应该看这家公司的产品和服务是不是有独特之处，是不是市场上的必需品，是不是不可替代的，存不存在产能过剩的情况，价格有没有受到政府的管制。要了解这家公司的买家是集中还是分散，弄清楚消费者购买产品的心理动机是什么，是不是形成了某种依赖和习惯。还要弄清楚商家是如何定价的，最近有没有提价，是不是经常提价，而消费者对于提价的反应如何。事实上，只有那些不可替代且拥有独一无二价值的企业，才具备定价权，也才能对消费者产生持续的吸引力。

有意思的是，很多拥有定价权的公司，都在特定领域内出现，而且往往拥有一定的技术壁垒，消费者和客户其实都在为技术买单。比如一家医疗机构率先研发出了一种新型的抗癌药物，治疗效果非常好，在对手们无法形成有效竞争的时候，这家医疗机构可以将药品的价格不断提升，但市场需求可能仍旧居高不下。又如一家高科技公司，研发出了一种新技术、新产品，在其他企业没有及时模仿和研制出相似的产品时，这家高科技公司可以用技术换取更高的收益。因此，在选择那些拥有定价权的公司时，可以缩小选股范围，选择更容易产生垄断优势、品牌优势和技术优势的行业。与此同时，投资者应该意识到一点：随着竞争者的追赶，以及替代品的出现，这些企业会慢慢失去定价权。所以，投资者应该选择一些技术更新比较慢的行业入手，或者选择一些传统行业中具有独一无二优势的企业，就像可口可乐一样，它的配方可能在未来几百年内都是不变的，但它一直能够产生持续的竞争力。

总的来说，投资者在选股的时候，一定要对行业进行深入了解，对相关企业的发展情况进行仔细分析，确保所选的相关企业在一定时间段内都是拥有定价权的。

## 小额股票投资者要寻找看得懂的中小型公司

很多人在购买股票时，为了确保收益最大化，常常会选择一些发展势头很好的大公司进行投资，在他们看来，选择大公司会更加稳定，而且收益更高，但实际上多数人对于投资大公司存在一个误解。从过去一百多年的股市发展来看，回报率更高的往往不是那些大公司，很多小公司一年的回报率可能会达到100%，而正常情况下一家大公司的回报率很难超过50%。尤其是现在，优质的大公司并不多，那些已经获得成功的优质大公司，回报率已经越来越低，根本不适合普通人进行投资。

多数人在资金量不足的前提下，应该投资那些回报率更高的小公司。巴菲特就非常喜欢投资那些回报率高的公司，但问题在于，他管理的资金量太大，没有办法事事亲力亲为，没有办法找到合适的人帮忙管理钱财。如果自己没有那么多钱，他的回报可能会更高一些。他曾说过："如果我现在只有10万~100万美元，我会在石头下面找小公司的机会。"

段永平对于巴菲特的苦恼深有同感，他觉得大资金公司不可能一直都能够把握住那些高回报的投资，而那些小公司虽然成长机会更好，但是找到一家高回报的小公司之后，却根本无法放入更多的资金。就像一个手里握有100亿美元的大公司一样，想要投资一家体量只有2000万美元的企业，即便全部收购，最终的收益也非常有限。

相反，小额股票投资者应该去找些看得懂的中小型公司，这样做的一个优势是比较有机会取得高回报，只要找到一些高回报的优质企业（这样的高回报的小体量企业比较多），收益一般还是很可观的。但他们不适合跟着大盘股，投资大公司往往很难有大收获，现在的那些大公司很难有机会获得10倍以上的收益。假设某人手里的资金只有50万元，想要投资可口可乐或者苹果公司，那么即使股价上涨再快，整体的收益也非常有限。此外，大公司放出来的消息比较多，小额投资者缺乏判断力和耐心，多数人还没有建立起投资的概念，很容易因为一些波动而被迫出局。还有一点，对于那些连公司大小都看不懂的人来说，怎么投反正也都是一样的。一般来讲，小公司比大公司要容易懂一些。公司大到一定程度后容易受到非商业因素的影响，而小公司受到影响的概率则要低很多。

很明显，越是大公司就越是难以理解，它的基本面、它的发展模式、它的文化魅力和竞争力都是不容易理解的。可以说，多数人是无法发现那些伟大的公司的，他们根本区别不了什么是普通公司，什么是优秀公司，什么是伟大的公司。既然区分不了，那么干脆降低规格，选择从小企业开始投资，一方面是为了积累经验，另一方面是为了获取更多的收益。

段永平认为，小额投资人或许更应该耐心地从生活中发现还很便宜的小的好公司："我觉得小额投资者也许应该关心自己明白但没有那么多人关注的公司，如果能找到这种公司的话，回报应该比苹果这类公司的好。有时候有些小公司确实很便宜，比如前段时间美股里的一些地产公司，但没有成交量，不适合大额投资者投。"

对于小额股票投资者来说，最重要的还是保证收益，而不是想着如何寻求大公司。当然，寻找中小型公司，并不意味着就要找那些发展很一般的企业。其实，无论是投资大公司，还是投资中小型公司，投资的基本模式都是一样的。既然买股票就是买公司，那么投资者就一定要确信公司的内在价值很高，保证公司真的拥有好的商业模式和企业文化，拥有一定的护城河，在行业内拥有强大的优势，且这些优势最好没有被大家发现。

在投资中，很多人会认为中小企业发展前景肯定没有大公司好，无法做到长线持有、借助复利获得更高回报。毕竟，类似于几十年持有可口可乐、伯克希尔公司股票的情况，在中小企业的投资中基本上很难见到。事实上，即便是那些大公司，也很少有人会愿意持股超过10年。很多小额投资者，无法做到长时间或者永久持有，因此无论是投资大公司还是中小型企业，都需要按照现实情况尽可能长线投资。

有个人在投资一家中小民营企业时，发现企业的价值比较高，在行业内具有技术垄断的优势，可是由于担心这家公司的技术优势不能维持太长时间，因此在投资时，只持有了3年时间，平均每年的回报率为35%。实际上，这家公司在那之后的14年里，依靠着技术的不断进步，一直维持着绝对的竞争优势。

如果中小企业发展得非常好，有很大的成长空间，就可以想办法持有5年、10年甚至20年。不过，一切都要以企业的价值和发展情况为准，绝对不能盲目长线持有，更不要采用投机的方式。

相比于投资大公司，投资中小公司有一个很大的缺陷，那就是很多中小企业公布的资料非常少，且存在经营管理不规范的情况。小额股票投资者必须有强大的判断和分析能力，利用自己的火眼金睛分辨出这家公司是不是靠谱，是不是真的值得投资。事实上，多数小额投资者都会在投资中小企业时中招，做出不合理的选择。因此，小额投资者也需要不断学习，不断积累经验，不要过于相信企业的宣传，最好能够实地考察，运用更多定性或者定量的方法进行理性分析。段永平给那些懂行的人提出过具体的建议，他觉得一些有时间、有经验的业内人士可以选择寻找那些有前景的小公司进行风投，以确保获得更高的回报。

也就是说，每一个普通投资者都要按照自己的实力进行投资，要选择自己看得懂的中小企业进行投资规划，以确保自己的投资可以实现效益最大化，而不是盲目跟随那些大的投资机构投资大公司。

## 选股票，就要投资那些信用度高的企业

富国银行曾经是美国最大的零售银行，它在小微零售业务、交叉销售模式（对客户进行捆绑销售）领域具有很大的竞争优势，连续多年业绩都领先于竞争对手，也因此成了全球银行开展零售和小微业务的榜样。那个时候的富国银行，是很多投资者青睐的投资对象，很多大的投资机构和有实力的投资者都将富国银行作为投资首选，富国银行的市值曾经攀升到很高的水平上。

可是到了2013年，富国银行被媒体爆出了做假账户的丑闻。据说，当时一些银行雇员在没有获得客户授权的前提下，私自开通了数百万个借记卡和信用卡账户，然后直接将部分客户资金转移到这些未经授权的新账户上。这样一来，就使得那些客户的原有账户因为资金不足或透支，而不得不缴纳更多的费用。这些费用，竟然高达数百万美元。经过这些非法的操作，富国银行轻松入账几百万美元，但很多客户的利益受到了严重的损害。首先，客户信息被泄露，一些敏感信息被其他机构非法滥用，对资金安全造成了严重的危害。其次，很多客户原本不存在资金透支的情况，但由于资金被挪用，自身的信用等级被降低，个人的信誉、融资能力、投资机会都受到严重的影响。

当时,有不少人指责富国银行"不守规矩",危害了顾客的利益,但富国银行依旧对外遮遮掩掩,此时很多投资者开始决定撤资,一些打算投资富国银行的投资者和投资机构,也放弃了这样的打算。不过,仍旧有很多投资者选择相信富国银行的营收能力。2016年,丑闻彻底大爆发,富国银行因为至少虚开了200万个零售端存款和信用卡账户,给顾客造成了大约33亿美元的损失。丑闻被揭露之后,美国监察机构先对它进行了1.85亿美元的罚款,接着美国司法部与美国证券交易委员会着手调查,富国银行面临很大的压力,连续好多年都疲于应对调查,股价大跌,很多投资者叫苦不迭。2020年2月,富国银行与美国司法部、美国证券交易委员会达成和解,最终支付了30亿美元的处罚金。而更加致命的是,有过这一次丑闻,投资者对富国银行彻底失去了信心,纷纷撤资,这家曾经最出色的零售银行,至此风光不再。

投资者投资企业的目的是盈利,因此会选择一些营收能力很强、现金流充足、竞争优势明显的企业。可如果企业信用等级很低,弄虚作假,欺瞒消费者,甚至做假账,就可能会影响企业的形象,更会影响投资者的判断,导致做出错误的投资。段永平在创业时注重诚信,因此很多客户都愿意和他做生意。在做投资之后,他也待人以诚信,说到做到,很多朋友都很放心地将钱交到他手上,让他帮忙投资。

正因为如此,在谈到股票投资的时候,段永平一直都在强调企业的信用度。信用度是他非常看重的一个指标,在投资一家公司之前,他往往会对公司的财务状况做一个详细的了解,要明确这家公司是不是存在财务造假行为,是不是存在欺骗消费者和客户的商业欺诈行为,是不是存在产品造假行为。他非常谨慎地对待每一次投资,而且要求相关企业必须身家清白,信用一流。无论是投资网易,还是茅台,无论是投资苹果公司,还是投资通用电气公司，段永平始终坚持一个原则，那就是要明确企业是否守信用，是否存在信用危机，是否被市场消费者、合作商、客户以及投资者信任。

在评估一家公司的内在价值时，信用度也会成为他的一个考量指标，在他看来，一个不会弄虚作假的公司，它的财务状态就是真实的，它体现出来的营收能力和发展状态也就是真实的。这样的公司才值得相信，投资者也可以放心地投资。反过来说，如果一家公司的信用度非常低，经常出现一些信用问题，那么一定要慎之又慎，宁愿错过，也不要以身犯险。

不过，究竟应该如何来辨别一家公司是否守信用呢？许多人喜欢看公司发布的内容，喜欢看一些官网的描述。但实际上，很多企业可能存在发布虚假信息的情况，或者会想办法掩饰一些不合理的信息，普通投资者很难进行分辨，往往会受到蒙蔽和误导。正因为如此，对于企业的了解，不能停留在表面，要更加深入地了解企业在过去一段时间的经营情况，看看外界对它的评价和反应。

比如，人们可以看看这家公司有没有权威的荣誉证书，是不是在一些信用评选活动中得过奖，是不是获得监管部门的惩罚，有没有上榜权威机构发布的信用等级榜单；看看这家企业在市场上的风评怎么样，合作商、顾客以及竞争对手，对它的评价是怎样的，有没有出现一些信用问题。那些在过去存在信用危机的公司，最好选择远离。

然后，可以重点了解一下公司的经济实力和主创团队，看看公司的经济实力是否雄厚，现金流是不是充足，毕竟一家现金流缺乏的公司很容易出现资金问题，导致一些违约的情况出现。同时，投资者也可以通过对公司基本面的分析和解读，了解对方是否存在虚假宣传的情况。此外，还要看看企业的管理团队是否足够出色，管理者有没有信用问题，个人的威望如何，管理能力是否合格，是否足够专业。

　　虽然这些评估方式和考核方式也存在一定的不足，但投资者要做的就是想更多的办法，通过更多的渠道来了解企业的信用度，同时自己也要具备一定的分析能力，能够分清楚哪些公司发布的内容存在虚假信息，哪些公司发布的内容存在一些掩饰，而这需要专业分析能力的提升和投资经验的积累。积累了更多的经验，自然能够摸索出更好的分析方法。

## 选择投资那些坚持以客户利益为第一的公司

有一次，一个粉丝询问段永平如何看待苹果公司，段永平没有正面回答他，而是谈到了自己购买苹果手机的经历："iPhone 4s发售第一天我就跑去排队买了一部，出来时碰上国内某著名公司的一个朋友，然后去他们公司看了一眼，回车上时居然把iPhone的面板给摔裂了。

"今天有空去苹果店换了一部，本来还想给太太也买一部的，发现iPhone 4s已经卖空了。现在要买必须晚上9点网订，第二天去拿，稍微晚点恐怕就要等了，有意思的是，我先说要买一台，苹果店的人告诉我今天没了，然后我说换一台行不，结果换一台有货。

iPhone4s这个卖法，这个季度的财报要创纪录了。结果今天晚上去网上买，9：00准时开始登录，选palo alto的苹果店，9:15才进去。白的64G的AT&T的已经没了，到大概9:40，所有的都卖光，还想买的只能等明天晚上上网订了。

"真猛啊！

"苹果的销售系统一直在改进中，现在至少不用去排队了。"

很多人可能会对这个故事感到奇怪，为什么买手机的人要排队，而更换手机的人当天可以优先换一部新的呢？段永平认为这恰恰显示出了苹果公司重视消费者，将消费者利益摆放在第一位的理念。段永平因为此前已经购买了苹果手机，是苹果公司的客户，所以优先享受到服务；而初次购买手机的排队者和苹果公司还不存在客服关系，自然只能耐心排队等待。

关于客户服务的问题，阿里巴巴创始人马云提出过一个观点：客户第一；员工第二；股东第三。很多人因此担心这种模式会严重损害股东的利益，导致企业失去吸引力，但事实证明，只有把客户放在第一位，股东才能持续获得稳定的收益。对此，段永平表示认同，他曾说过："什么叫以大股东利益优先？股东利益只能通过投票决定。还有就是如果你不喜欢，觉得公司不以你的利益优先的话，你是应该卖的，不然你就是觉得他们会以股东利益优先，否则就矛盾了。有些大股东利用控股来为自己牟利，这种股票和公司最好远离。另外，股东利益优先和股东第三并不矛盾，是从不同角度讲的。"

对于一家公司来说，维护股东的利益，处处以股东的利益为先，这是非常重要的，因为只有股东的收益得到了保障，股东的基本权益获得了尊重，企业才具备更大的吸引力，也才会吸引更多的投资者进行投资。但在段永平看来，投资者投资公司本身就是为了挣钱，而挣钱的基础是公司获得更好的发展，公司的业务开展得非常顺利，这一切都是建立在企业建立了良好的客户服务关系的基础上的。只有认真对待客户，坚持以客户为中心，企业的发展才有足够的支撑，企业的收益才能够得到保障。

客户和股东都非常重要，但是客户是企业发展的基础，决定了企业未来发展的命运，而股东更多是扮演了推动者的角色。相比之下，客户在企业发展的过程中所扮演的角色更重要，这也是段永平一直强调企业发展要坚持以客户为主的原因。

很多人在谈到企业的发展时，往往会强调两个概念：技术导向与市场导向。一个优秀的公司应该坚持以市场导向为发展理念，一切围绕市场来转，这样的企业才有生存和发展的空间。在此基础上，段永平进一步强调投资者应该重点关注那些具有消费者导向的优质公司，因为一家公司如果坚持以消费者为导向，就易于获得更大的市场：

"从字面上理解，消费者导向指的是企业在做产品决策的时候是基于产品最后的消费者的体验的。'市场导向'看上去是基于现在是否好卖的。很多时候这两者区别不是那么明显，因为好卖的东西往往就是消费者喜欢的。但消费者往往只是根据现有的产品来决定自己的喜好，所以经常会显得短视，如果企业总是'市场导向'的话，则陷于短视状况的概率就会相对大些。而总是注重消费者体验的公司眼光则往往会放得长远些，做出伟大产品的概率也就会大很多。过去的国营企业往往基于计划经济，所以连'市场导向'都做不到。绝大部分企业最后大概只能达到'市场导向'的地步，因为大部分企业都是'利润导向'的，而要做到'消费者导向'需要有'利润之上'的追求，或者说需要能够放弃一些短期利益，做出最好的产品来满足消费者真实的需求。其实有些企业或多或少也是有'利润之上'的追求的，但能力上还没有达到做出伟大产品的地步，所以这类企业看起来可能没有那么强大，但生命力却往往会比人们想象的强很多。只有极少数的企业是真的在骨子里具有'消费者导向'，同时又具备实现'消费者导向'的能力的，这些公司最后往往会被人们称为伟大的公司。没有'利润之上'的追求的公司不大会真的有'消费者导向'的文化，最后也不大可能成为伟大的公司。具有'利润之上'的追求的公司往往多少具有了'消费者导向'的文化或叫基因，在某些条件下就有可能会慢慢变成伟大的公司。公司是由人来经营的，所以伟大的公司也不是一成不变的，时间有可能会改变一些东西，让一些伟大的公司变回到不那么伟大。"

  以消费者为导向的公司具备了更好的企业文化，具备了更大的市场吸引力，这种模式对于投资者是非常有吸引力的。投资者在选股时，可以将其作为一个选股标准，看看这家公司对于消费者的态度怎样，看看这家公司是否按照消费者和客户的需求推进研发、生产、营销和服务等工作，看看这家公司是否拥有良好的客户服务文化和服务体系，看看这家公司的品牌忠诚度怎么样。

## 看重那些具有很强用户黏性的公司

在谈到投资标的的选择时，段永平一直都非常看好用户黏性强的企业。在他看来，一家企业的用户黏性如果很强，那么就可以确定这家公司在未来一段时间内都可以保持强大的竞争优势，并且拥有不错的收益。用户黏性这个指标通常是看用户是不是真的很喜欢公司，很喜欢公司的产品和服务。用户黏性很强的产品，往往可以培养一大批忠诚的用户，用户在购买产品之后，依旧会在下一次消费时购买这一类产品。

比如段永平就投资了两家用户黏性很强的公司，第一家公司是苹果，因为苹果拥有自己的生态系统，对于购买了苹果手机或者苹果电脑的人，他们大概率会在下一次购买手机时接着选择苹果的产品。因为他们已经习惯了苹果的生态系统，想要跳出去会很难，不仅要改变消费习惯，成本也会比较大。而安卓系统比较开放，很多品牌的手机都在用它，手机的可替代性很强，即便买了这一家品牌的手机，下一次也可以更换一家品牌，反正系统都是一样的，不存在用不习惯的问题。

第二家公司就是腾讯，它主推的微信就具备很好的用户黏性。微信的强大社交功能吸引了一大批用户，这些用户依赖微信来建立和丰富自己的社交，并以此来维护自己的社交关系。人们无法想象，一个微信用户如果卸载了微信，会给自己的社交生活和工作带来多大的不便。事实上，不可能所有人都喜欢微信，但是人们通常无法跳出微信构建的生态圈，因为身边的人都在使用微信，领导、朋友、家人、同学、同事、商贩、出租车司机、超市的业务员……微信在生活中几乎无处不在，而且几乎垄断了人们的社交和通信。如果不用微信，这个人就根本无法融入周边的生活，根本无法正常铺展开自己的生活，所以他最终还是得使用微信。

在谈到用户黏性的时候，《巴菲特的护城河》一书的作者帕特·多尔西曾经提出过转换成本的概念："你也许会注意到，我一直没有提及消费品企业，比如零售业、餐饮业和包装商品类企业等。这是因为，低转换成本恰恰是此类企业的主要缺陷。你可以随便从一家服装店走到另一家，或是在杂货店里选择不同品牌的牙膏，这几乎不费吹灰之力。所以，零售商和餐馆很难为他们的业务设置护城河。尽管沃尔玛和家得宝公司[1]等大公司可以通过规模经济建立自己的护城河，寇兹[2]可以借助于强大的品牌建立护城河，但总体而言，消费类公司的转换成本均较低。"

帕特·多尔西认为，那些具有巨大品牌影响力的公司，往往具备了很强的用户黏性，而这种用户黏性具有两个明显的特点：

第一个特点是强大的网络效应。简单来说，就是产品的社会扩张效应，当某一产品的价值随着用户的不断增加而增加时，就会形成一种网络，不断吸引更多的新用户，从而确保产品的价值再次得到提升，这样就形成了一个良性循环，企业的价值和规模不断扩大，用户不断增加。拥有网络效应的公司，在竞争中拥有很大的优势，并且可以很长时间维持这种优势，其他竞争者想要替代，并构建自己的网络效应，将不得不付出惊人的成本。

以可口可乐和百事可乐公司为例，这两家公司依靠出色的产品和营销，

---

[1] HomeDepot，全球最大的家具建材零售商。——译者注
[2] Coach，纽约著名时尚品牌，主要销售皮革制品。——译者注

所建立起来的客户网络和销售网络非常惊人，因此两家公司可以以低成本运营的方式来继续强化自己的竞争优势，并持续获得用户的青睐。与之相对应的是，如果其他可乐品牌和饮料公司想要扩张出同等的市场规模，或者说直接取代这两家公司，那么可能需要花费几千亿美元来打底。

经济学中有一个著名的梅特卡夫法则，该法则认为一个网络的总价值等于用户数量的平方。以微信为例，当一个人使用微信的时候，如果没有人与之互动，该软件的价值几乎为0，可是当用户身边增加几个用户的时候，微信的价值就慢慢增长；当有100位用户时，微信的聊天功能和社交价值就得到了展示；当使用者突破1000、10000甚至100万人时，使用的需求量就会被迅速释放，价值也开始成倍增加。

第二个特点就是高转换成本，一般来说，用户黏性大的企业或者产品，往往拥有很高的转换成本，而这反过来迫使用户对产品保持忠诚，不会轻易选择其他的替代品。什么是转换成本？当消费者从一个产品或服务的提供者转向另一个提供者时，通常会产生一定的成本，诸如经济上的开销、时间的消耗、便利性的供应等多个维度的一次性成本。通常情况下，企业的转换成本越高，它的护城河也就越宽。

在日常生活中，其实有很多产业都具备用户黏性与高转换成本的特点。以银行为例，银行在开户时，流程非常简单，可是销户却很麻烦，也许需要各种文件和资料，可能还需要等待很长的时间。这些烦琐的流程，往往会让用户打消销户的想法，从而坚定地成为某一家银行的长期客户。保险也是如此，当一个人购买保险之后，就会被套在相关的保险业务上，而且在未来很长一段时间内都无法离开，其他保险公司想要抢走生意不太容易。

总的来说，用户黏性强的企业，可以获得市场持续的关注，具备持续盈利的能力，可以在很长时间内都保持强大的竞争优势。这一类企业，是符合价值投资的标准的。

## 不要选择那些盲目多元化的企业

有人曾经做过一份统计，数据显示：中国中小企业的平均寿命为2.5年，中国集团企业的平均寿命是7~8年，相比之下，欧美企业的平均寿命为40年，而日本企业的平均寿命则达到了58年。

另外一组数据，是2015年年底由东京商工研究机构调查得出的。这家机构发现，日本超过150年历史的企业多达21666家，2016年将又有4850家满150岁生日，2019年会有7568家满150岁生日。而中国呢？超过150年历史的老字号企业，居然只有六必居、张小泉、陈李济、同仁堂、王老吉这5家。

很多优秀企业无法成为百年老店，有一部分是历史原因造成的，但也有一部分是过度追求多元化模式造成的。比如，现在有很多中国企业喜欢搞多元化产业，在做好本职产业的同时，常常炒房地产、炒金融、吹IT泡沫，争取获得最大的利益，可这种多元化带来的收益往往是暂时的，可能最终会拖垮企业。那些一心走单一化、专业化道路的企业，反而更有可能依靠自身的优势生存下去。这类企业往往更加值得投资。

段永平就曾批评过那些盲目多元化的公司："我不赞成一般意义上的多元化，尤其不赞成为多元化而多元化的多元化——有很多公司在一起经历一段不错的发展后,为了分散风险,开始搞起了多元化,结果其中有些公司很快就不用再担心风险的问题了。A股有些公司就有这个问题,看着利润不错,可老是不知道公司会怎么用这些钱。一看它们多元化我就有点晕。"

他认为很少有公司能够在多元化的道路上走很远,以前他认为走多元化道路的通用电气公司可能是一个另类,但将时间线拉长之后,他发现这家公司依然经历了一个非常失败的多元化道路。很多公司所谓的多元化道路,大多是奔着钱去的,什么挣钱就做什么,缺乏长远的规划,也没有战略目标。这类企业,常常因为目光短浅而将自己推向一个危险的境地。

在谈到多元化的问题时,他毫不客气地说道:"但凡你能做好一样东西,你为啥还要做很多做不好的东西呢?不过,确实有些会因为做了一些好东西后就以为自己啥都能做好。于是就开始做一些自己做不好的东西了。人的精力是有限的,聚焦的人或公司最后会变得很厉害,这也是我喜欢苹果的原因。"

正因为长期反对多元化,他非常喜欢那些单一产品模式的企业,他曾这样解释自己喜欢苹果公司的原因:"Apple还有不少特别厉害的地方,比如品种单一,所以效率高、质量一致性好、成本低、库存好管理,等等。我从做小霸王时就追求品种单一,特别知道单一的好处和难度,这个行业里明白这一点并有意识去做的不多,我们现在也根本做不到这一点。比较一下诺基亚,你就马上能明白品种单一的好处和难度了,诺基亚需要用很多品种才能做到消费者导向,而苹果用一个品种就做到了,这里面的功夫差很多啊。做产品和市场,往往喜欢很多品种,好处是可用于不同细分市场,用于上下夹攻对手的品种,坏处则是搞一大堆库存,品质不好控制。单一品种需要很好的功力——把产品做到极致,难啊,因为难,大部分人喜欢多品种。"

在段永平看来，企业就应该专注于做自己最擅长的事情，研发和生产自己最具优势的产品，这样才能确保打造一条又宽又深的护城河。如果什么都想做，什么都去做，可能会在短时间内获得不错的收益，但是从长远来看，这些生意都无法持久。因为很多生意本身只是冲着利润去做的，根本没有技术储备和竞争优势，时间一长，赛道一长，就会很快暴露出后劲不足的问题，最终变成一个负担。

对于投资者来说，如果打算进行价值投资，打算长期持有一只股票，那么最好选择拥有宽大护城河的公司，最好选择那些具备持久竞争优势的公司。这些公司往往具备了单一产品优势，它们会将资源集中在研发、生产和推销某类产品上，使得相关的产品在市场上具备极大的竞争优势，而且它们在未来很长一段时间内都会保持这种优势。更重要的是，这类企业具有很好的企业文化，比如专注，比如精益求精，更加懂得将这种"在自己擅长的领域内不断提升"的企业文化和基因传承下去，确保企业真正做到基业长青。

对投资者来说，应该避免被企业的发展规模、业务范围、盈收规模所迷惑，更不要被暂时的发展所迷惑。对于任何一家企业来说，最重要的是未来的发展模式和发展趋势是否正常，这些正是投资者需要重点考虑的。因此，投资者必须想办法关注企业的发展模式，看看企业是否存在多元化趋势，是否在优势项目外拓展了其他不相干的项目。

需要注意的是，所谓的单一产品，并不是指企业只生产一种产品，而是指它们只生产一类产品。苹果公司的生产和销售不仅有手机，还有笔记本电脑、平板电脑、耳机、音乐播放器等多种产品，但所有的产品都属于电子产品一类，它并没有盲目去拓展其他的项目。可口可乐也是一样，它不仅生产可乐，也生产其他类型的饮品，但这些饮品都属于同一类产品的范畴。

　　此外，很多公司可能会涉足其他项目和产品的开发，但未必就是搞多元化。比如，一些公司开始大量囤地建房，但从事这些项目只是为了维持员工的正常生活。在未来这些住房和土地也许会成为营收的一部分，但本质上住房和土地并不是企业拓展业务的选项，只是客观上具备盈利空间而已。

## 选股时，寻找一个值得信赖的管理者

很多人相信，只要一家公司足够出色，就没有必要去关注这家公司是否拥有出色的管理者。这些人将这个观点作为价值投资的一个重要内容，并且始终坚信一句话："如果一个生意要依靠一位超级明星才能产生好成效，那这个生意本身不会被认为是好生意。"这是巴菲特说过的一句话，不少人认为巴菲特并不关心管理者是否有能力，只要这家企业足够好就行。但实际上呢，巴菲特在选股时，一直格外看重管理者的素养。

比如，伯克希尔公司大举投资了好市多，而好市多的突然爆发和天才的管理者是分不开的，正是因为拥有出色的CEO辛尼格，好市多才从一家寂寂无名的小超市，迅速发展成为行业内的巨无霸。著名投资人查理·芒格曾经这样评价道："好市多是依靠天才管理而成长为行业翘楚的一个典型，单韩国的一家分店，一年的销售额就达到了惊人的4亿美元，其成功是明智的管理、良好的企业道德和勤奋的市场运作相结合的产物，这在整个行业中都是非常罕见的。"

事实上，在2016年以前，芒格非常看好那些傻瓜也能管理好的优质公司，并认为这些公司非常让人省心，但是在2016年之后，他意识到最好的方式还是选择一个拥有出色管理者的优质公司，因为管理者往往直接决定了公司未来的战略规划，而一个傻瓜可能会破坏公司内部良好的文化基因和战略规划。巴菲特对此深有体会，比如在1998年买下通用再保险公司时，通用再保险公司内部的管理一团糟糕，经营状况受到很大影响，而在塔德·蒙特罗斯和乔·布兰登担任要职之后，通用再保险公司的经营才开始真正好转起来。又比如巴菲特在1987年收购所罗门公司时，由于所罗门公司管理者缺乏掌控力，导致业绩不断下滑，内部出现了操控国债市场等各种金融丑闻，差点让巴菲特陷入绝境。

段永平认为，一个聪明的投资者绝对不会忽视管理者在企业中所扮演的角色和发挥的作用，有很多出色的企业就是因为继任的管理者不行，才导致发展出现严重的问题。多年来，他既看重公司的内部价值、企业文化、商业模式，也看重企业的管理者的能力和素养。

2003年，段永平看中了一家名为Fresh Choice的美国餐饮公司，这家公司曾挂牌纳斯达克，并在华盛顿、加州、得州地区发展了58家连锁餐馆，只不过后来发展不太好，在段永平发现它时，这家公司已经有了很大的负债比例，股价也持续下跌。

段永平在细加分析之后，发现公司的股价只有1.5美元，但每股现金流仍旧有0.6美元，也即只要两年半时间，就大体可以收回自己的投资成本，于是他毫不犹豫地购入104万股，相当于购入27%的股份，成了这家公司最大的股东和董事之一。可是，进入董事会后，他发现公司的管理者非常平庸，根本无法和他们进行正常沟通。更不可思议的是，在公司股价下跌、业绩下滑的时候，他们竟然选择给产品提价，一味加快市场扩张速度。他认为这些做法无疑是自杀行为，于是向他们提出了整改的建议，但没人愿意听他的，结果短短几个月时间，公司的情况不断恶化，现金流被消耗一空，沦为负数。很快公司宣布破产，段永平算下来前后共损失了一百多万美元。钱虽然亏得不多，但让他意识到了一个优秀管理者的重要性。

此后，段永平总是建议投资者要对企业进行系统的观察和了解，不仅要观察企业的基本面，还要了解企业的管理者。他坦言，自己愿意从拟人化的角度去分析一家企业，如果发现自己不喜欢对方公司里的CEO，或者认为公司里的管理者能力和品行不行（通常是对方的品行存在问题），就绝对不会和对方打交道，更不会想着去投资了。这种做法可能存在很强的主观性，但是段永平对管理者的判断本身就包含了能力和素养的评估，相比于评判一家公司的企业文化，这样做或许更加简单高效。在投资拼多多的时候，段永平曾多次表示自己对拼多多不太了解，但是对黄铮的个人能力非常认同，对他的为人也很信任，因此直接选择投资这家互联网公司。

富兰克林邓普顿新兴市场集团主席马克·莫比乌斯，在1987年被邓普顿选为新兴市场基金负责人的投资人，在25年时间里，直接将规模1美元的新兴市场基金打造成了500亿美元的巨无霸。马克在管理基金和投资时非常看重一点，那就是必须亲力亲为地考察目标公司的管理层，观察老板的品德行为，看看他们是否值得信赖，是否存在欺骗和吹牛的行为。多年来，他一直都坚持将管理层的人品和企业竞争力放在同一层面进行考量，且总是独具慧眼。这种考核模式，受到了很多价值投资者的关注，越来越多的人模仿他的行为来选股。

人们常常会片面地追求企业文化好、商业模式好且具备竞争力的企业，但一家企业具备竞争优势并不意味着管理者不重要。事实上，只有拥有出色的管理者，企业文化、商业模式才能不断完善和延续下去。

比如，《基业长青》的作者吉姆·柯林斯就非常看重管理者的价值，并把企业家分为两种：一种是"造钟人"，一种是"报时人"。

"报时人"式的企业家具有不可思议的能量，白天、黑夜都可以依据太阳和星星的位置和轨迹来说出正确的日期和时间。无论是做对的事情，还是把事情做对，他们基本上只依赖个人的能力、意志，而不会依靠文化和制度。这类企业家，个人能力出色，可以将企业带到一个很高的高度上，但是一旦他们离开企业，这家企业便容易失去方向，致使业绩停滞或者倒退。

"造钟人"式的企业家制造了一个永远可以报时，甚至在他不在了之后仍然能报时的时钟。这类企业家，一生都致力于构建一个依靠文化与制度的组合来运行的体系。这个体系，可以保证企业即便离开了出色的管理者也可以自动运转，即便经历了多次产品的生命周期，也可以在生生不息的文化与制度的保驾护航下，始终保持欣欣向荣的状态。

事实上，一个企业如果拥有一个"造钟人"，那么这个企业就会获得更持久的成长动力和成长空间，不消说，一个"报时人"式的管理者同样占有很大的戏份，这或许才是关注中长期收益的投资者最关心的事情。

第三章

给企业进行合理估值

## 给企业估值需要技术能力和经验积累

段永平一直认为投资是很难的事情，普通人最好不要去投资股票。那么，为什么投资很难呢？最重要的一个原因就是：给企业估值非常困难。多数投资者根本做不到合理估值，影响企业价值的因素有很多，而且企业本身处于不断发展变化之中，其价值也是不断变化的。想要对其进行估值，不仅需要对企业的基本面非常了解，要对企业的运营情况非常清楚，还要对企业未来的发展趋势有一个明确判断。这是一项非常困难和复杂的工作，普通人很难获取准确的信息，无法掌握更高效的估值方法。

段永平曾经说过："我不知道估值属于科学还是艺术，我还一直以为科学就是艺术，艺术也挺科学的呢。我总觉得估值实际上是功夫。《功夫熊猫》电影里最大的缺憾是功夫没有体现时间性，实际上中文里'功夫'的意思本身就是时间的意思。"

对于这段话，他曾经做过解释："会估值是要花很长时间的，绝不是很多人以为的不知道哪里有一个神秘的公式，每当要估值时用公式算一下就可以了。这个很长时间大概不是用小时数或天数来计算的，大概用年数作为单位比较合适。我对估值的定义基本上就是对企业的了解，只有当我觉得很了解一个企业的时候，我才能对企业有一个大概的估值，这往往需要很长的时间。总而言之，估值是需要工夫的。"

很明显，在段永平看来，估值是需要花时间去做的，是一个非常复杂，需要耗费大量时间和精力，同时需要积累大量技术和经验才能完成的事情。这就像练功一样，"台上一分钟，台下十年功"，越是功夫厉害的人，就越是经历了千锤百炼，就越是花费了时间来提升自己。很多人都赞美巴菲特投高盛，只花了20分钟，孙正义投资阿里巴巴更是6分钟时间做出的决定，似乎这些人天生就是估值高手，轻而易举就可以对一家公司未来的发展做出合理的判断，但实际上呢，这几分钟背后恰恰是几十年的经验积累和技术积累。

段永平说过，他在投资网易公司时，就是因为之前对巴菲特的投资理念研究了很长时间。而他没能一开始就把握住苹果，则是因为经验和技术积累不足，无法在短时间内对苹果的发展做出判断，无法给苹果一个合理的估值，最终错失了最佳的投资机会。即便是现在，段永平也认为自己的估值技术不到位，不懂通常意义上的估值，不知道该如何来判定一家公司的股价，只能选择一些毛估估的方式来做价值判断，而这样的方式未必适合所有人。

说起投资，段永平很少愿意传授一些所谓的投资方法和技巧，实际上他并不觉得这些方法和技巧可以帮助投资者获得提升，很多时候，他反而会担忧投资者被"奇技淫巧"所误。因为投资股票或者说给企业估值，得更多地依靠自己的能量，因为投资是可以悟的，需要自己去慢慢领悟，而这种领悟需要建立在个人经验、技术、能力的积累的基础上，是需要不断在投资中历练出来的。巴菲特这样的顶级投资大师，也是通过不断的学习和积累逐步实现进化的。在认识格雷厄姆之前，巴菲特对投资一无所知，认识格雷厄姆之后，他开始建立自己的价值体系；后来他又认识了芒格，之后，价值体系不断完善，并在几十年的投资经历中不断得到检验，而他对企业的价值判断也因之越来越合理。

段永平建议普通投资者多练习，后来他又多试错，多积累，多完善。在过去很长一段时间内，他都强调股票投资是专业人士的风险游戏，只有那些有经验、有技术的人才有机会在股市里挣到钱。很多时候，就连那些优秀的投资者也可能出现估值错误，做出错误的判断。

这里谈到的经验和技术，有一定的局限性：针对自身熟悉的行业进行经验积累。比如，一个人喜欢购买传统企业的股票，那么他也许大多数时候都在投资这类传统企业，这个时候，他的经验积累也局限在这一领域，对于一些科技类、互联网类公司的估值和投资就会更加谨慎，因为他不具备这方面的投资经验。又比如，一个人喜欢投资轻资产的企业，那么，他对重资产企业的投资和估值可能就缺乏信心了。还有一些人，喜欢投资中小型企业，投资大公司比较谨慎，估值的时候无法准确了解大公司的发展情况和内在价值。

实际上，投资经验并不是说只要投资就一定会有经验，除非人们形成一以贯之的投资风格和选股标准，否则，在选择不同类型或者自己从未接触过的那一类企业时，就连估值的方法都可能出错。也许很多人会说，可以做更多的尝试，投资不同类型的企业，但其实，多数情况下人都会有自己的能力边界和投资风格，且个体的能力和资本也无法支撑更多不同类型企业的投资尝试。

段永平认为，估值并不是万能的，不可能做到精确，那些能够挣到几十倍甚至几百倍的回报的投资，绝对不是单纯通过估值能够估出来的，否则，很多人可能打一开始就会全部购入股票。比如段永平，要是他当初能够估到网易有一天会上涨160倍，那么他早就会砸锅卖铁筹钱投资了，哪会提前卖掉很多网易的股票呢？很多时候，投资还是应该保持一颗平常心，只要觉得企业的竞争力还行，股价会继续上涨，企业未来的发展趋势还好，那么就可以直接入手。如果投资者没有经验和技术，最好不要轻易炒股，即使按捺不住，也要控制好资金投入的量。

## 股票的内在价值大约等于公司的未来现金流折现

按照价值投资理论，买股票就是为了投资企业内在价值，因此给企业进行估值是一项基本的工作，也是一项最重要的工作，毕竟只有进行合理的估值，企业的投资才能顺利进行。但企业内在价值的评估并不容易，因为估值不是对过去营收的统计，而是对未来一段时间的营收和回报进行分析。段永平说过："大部分人说到估值，指的都是市场应该给股票一个什么价，我的估值是试图搞明白，付出什么价，才能5～10年都不操心，我不考虑市场愿意给什么价，我就想如果它是非上市公司，我用目前的价格去拥有它，和我的其他机会比，在未来10年甚至20年，哪个得到的回报更高。"而未来本身就具有不可预测性，投资者是没有办法准确做出评估的，这个时候就需要想办法提供更高效的估值方法。

一般来说，估值可以采取定性分析和定量分析的方法：定性分析通常针对企业的优势或者劣势进行分析，包含了商业模式、竞争优势、企业文化等多个方面；而定量分析侧重于企业的股东回报率、净资产收益率、毛利率、市盈率等数据上的分析。段永平喜欢使用定性分析方法，重点关注企业文化、商业模式、企业护城河。但是在具体估值上他也会采用定量分析方法，因为企业文化的好坏、技术优势的大小，护城河如何界定，这些都很难给出一个准确的标准,以致人们往往不敢下注,或者不敢全力以赴。因此很多时候,他需要对企业进行定量分析,以未来现金流折现进行估值,而这也是最常使用的估值法。

很多出色的价值投资者,都强调借助企业未来现金流折现估值法计算企业的内在价值。按照投资者的想法,企业的内在价值就是未来N年的自由现金流折现总额与永续价值贴现。实际上,自由现金流折现法(也叫未来现金流折现法)一直以来都是公认的最权威、最科学的估值法之一。早在1942年,威廉姆斯就提出了现金流量贴现模型:今天任何股票、债券或公司的价值,取决于在资产的整个剩余使用寿命期间预期能够产生的、以适当的利率贴现的现金流入和流出。在他之后,有关现金流折现的方法越来越精进。

那么什么是未来现金流折现?

众所周知,现金流是现金流入和现金流出的总额,而未来自由现金流=净利润+所得税+利息费用+折旧摊销−营运资金的增加−资本支出,有时候直接简化成为净利润+折旧−资本支出,不过考虑到企业的收益每年都会增长,因此需要加入增长率。假设第一年的现金流是1000万元,企业的平均年增长率是13%,那么第二年的现金流就是$1000 \times (1+13\%) = 1130$万元,第三年的现金流是$1000 \times (1+13\%)^2 = 1276.9$万元,第四年的现金流是$1000 \times (1+13\%)^3 = 1442.897$万元。

未来现金流折现,就是用现在的现金流去获得未来的现金流,虑及通货膨胀的因素,现在的100元肯定要比10年以后的100元更加值钱,因此需要对未来的现金进行折现。至于折现率,每个人都会有不同的选择,有的人按照A股公司的股权收益率来计算,有的人以某一家公司的增长率作为参考,但更为合理的方式是以长期国债利率来进行计算。

正如段永平所说："一家公司的净资产100亿元，每年净利润10亿元，这个公司大概值多少钱？就是你存多少钱，能每年拿到10亿元的利息，按照长期国债利息计算，再把资金打六折算，长期利率会变，我一般用5%。如果买200亿元国债，每年利息10亿元，我会花200亿元去买个年利润10亿元的公司吗？显然不会，国债无风险，股票有风险，所以买公司要打折，越不靠谱的公司打折就越厉害。"

未来现金流折现只是一个预测值，还受到行业变化、竞争对手变动、政策变化、企业的突发危机、增长率、折现率、未来的资本开支等不确定性因素的影响。更加重要的一点是，未来现金流量折现的计算方式非常烦琐，投资者需要确定折现率，而且往往需要确定企业未来20年的净利润之和股东权益折现。事实上，看懂一家公司未来的发展非常困难，所以很多投资者会寻求一种简化的计算方法。比如巴菲特就采用了存款利率比较法，即将估值方法与存款利率进行比较，购买股息更高的股票，每股自由现金流量就等同于利息，用每股自由现金流量除以股票股价得出利息率。

这个方法段永平也非常认同。假设一家公司净资产50亿元，每年净利润5亿元，那么这家公司值多少钱？段永平以存款作对比，假设一笔资金一年的利息达到了5亿元，那么存款究竟有多少呢？参照长期国债利率6%或者5%（考虑公司的折现率不能低于长期国债利率），段永平倾向于以5%这样的保守数字来计算，企业价值大概就是100亿元。对于投资者来说，花100亿元去投资一家年净利润5亿元的公司并不划算。此时可以打六折，即这家公司的估值只有60亿元。从某种意义上来说，未来现金流折现并不是一种算法，而是一种思维方式，人们可以按照自己的理解给出一个大概的估值。

未来现金流折现的简化版是段永平比较常用的估值方法，但即便是简化版的估值方法，也未必适合所有人，因为不是所有人都可以更清晰地计算出未来现金流折现。不同的人往往有不同的估值方式和经验，因此，合理的估值方法具体如何使用，往往要依据每个人的能力、经验来决定。

## 可以使用市盈率来给公司估值

著名投资家彼得·林奇曾经提出一个著名的论断：一家公司的股价如果是合理的，市盈率大致等同于未来3~5年的净利润复合增长率。按照这个推断，他提出了一个关于市盈率相对盈利增长比率（PEG）的公式：PEG=市盈率÷（净利润复合增长率×100）。很明显，当PEG等于1的时候，企业股票的估值往往就是合理的；而当PEG小于1时，则意味着股票价值可能被低估了；如果PEG大于1，通常表明股票价值被高估了。

这个论断和公式实际上受到了很多价值投资者的认同，成为他们的信仰。很多投资大师也在这个公式的基础上提出了自己的投资方法和公式，看来大家也都觉得使用市盈率是一个可行的估值方法，而且相比于未来现金流折现的方式，计算市盈率的方法更为简单。

段永平在购买通用电气公司（GE）股票的时候，GE已经跌破10元钱，雷曼和AIG等与次贷业务相关的公司基本也都到了破产边缘，这让GE遭受了巨大的压力，各种负面消息越来越多。当时，GE公司多次站出来辟谣，但整个华尔街都在盛传关于GE破产和倒闭的消息。

局面正走向失控，投资者们纷纷放弃了GE，但段永平一直坚信GE还是一家不错的公司，类似的股价波动还在自己可承受的范围之内，也应该在其他投资者可承受的范围之内，GE没有到破产的境地。于是他对GE进行了估值，但他并没有计算企业未来利润的折现。事实上，他并不是不想进行计算，而是发现在当时的情况下，即便是未来现金流折现也无法精确算出，所以他直接选择了一种更加简单的估值方式。

段永平做出了一个简单的设想：考虑到GE已经跌到10元钱以下，如果它可以恢复，那么自己至少能赚2元钱，即便只能赚1.5元，自己只要将市盈率设置为15倍，也可以获得不错的收益了。

一番分析之后，段永平意识到购买GE股票并不会亏损，于是他购入了少量GE股票进行观察，之后GE的股价继续跌到9元，GE的CEO直接站出来向公众致歉，并承诺GE会在未来几年时间内调整其业务结构。此时，段永平选择继续买入GE，哪怕股价一路下跌到6元，他也不断购入。在跌入6元的低谷后，GE的股价开始反弹上涨，他依旧继续购入，然后直到GE的股价高于雅虎公司的股价，他才正式停止购入。

在这次估值的过程中，段永平没有选择常用的未来现金流折现，而是选择了市盈率，通过市盈率来评估企业的价值，以之作为是否值得投资的评判。

市盈率（PE）是股价除以年度每股盈余（EPS），比如一家公司的股价是100美元/股，其中年度每股的盈余为10美元，那么这家公司的市盈率就为10倍。如果一家公司的股价为200美元/股，其中年度每股的盈余为10美元，那么它的市盈率就是20倍。按照这种计算方式，可以推导出一点：市盈率越低，往往意味着每股盈余越大，投资回本的年限越短，也意味着投资者买股的成本更低，而承担的风险越低，盈利空间也越大。低市盈率其实是巴菲特价值投资理论中非常重要的一部分，他经常将其作为评估股价水平是否合理的指标。

事实上，伯克希尔公司在选股时，一直都坚持以市盈率15倍为标准界限，公司理想中的市盈率都是低于15倍的。如果进行分析，我们就会发现伯克希尔公司购入的股票基本上都是市盈率15倍以下的水准，只有少数会达到20倍。在价值投资或者说其他投资策略中，市盈率都是一个比较重要的指标，投资者一般都会依据这个指标来判断公司的内在价值。比如当一家企业的市盈率基本维持在0~13倍时，通常都表明该股票被严重低估了，非常值得入手；当市盈率位于14~20倍的区间时，说明该股票估值尚且处于正常水平，还是可以挑选其中一些优质企业进行投资的；当市盈率达到21~28倍时，相关公司的股票有很大可能被高估；对于那些市盈率达到28倍以上的企业，表明该股票具有很大的投机性泡沫；而那些超过40倍市盈率的企业，基本上可以被认定为有毒资产。

不过，并不是所有的优质企业都必须要求低市盈率，比如银行和地产等行业中的企业，表现很糟糕，但市盈率往往还不到10倍，而计算机软件、医疗健康、通信技术等行业中的很多优质企业，它们的市盈率可能会高达80倍。从某种意义上来说，市盈率的高低并不是绝对的估值标准，一般情况下，投资者可以将高净资产收益率和低市盈率综合起来分析，其中高净资产收益率表明企业强大的盈利能力，低市盈率则意味着更低的购入成本，两者结合起来考虑，价值评估会更加合理。

普通的价值投资者可以按照价值投资的分析方法进行市盈率的计算，同时制定相应的选股标准。不过，在使用市盈率估值的时候，最好结合其他指标进行，无论是定量分析还是定性分析，无论是未来现金流折现，还是净资产收益率，都可以结合起来。即便是段永平本人，也并没有将市盈率作为一个绝对可靠的估值指标来对待。有人曾问他，是否看重所投企业的市盈率。段永平坦言：会去关注一下，但并不看重，因为市盈率更多的是体现过去一段时间的发展情况，它倾向于历史数据，虽然有一定参考价值，但对预测未来还是存在一些缺陷的。相较而言，未来现金流折现的方法显得更加合理。

## 注重分析企业的基本面

在给企业进行估值的时候，不同的人会有不同的标准、方法，也会选择不同的指标作为分析和判断的依据。比如很多人喜欢看账面上的收益，喜欢看企业的营业额是多少，喜欢看企业的盈利和利润有多大，喜欢看成本控制如何，其实这些账面收益有一定的参考价值，但是如果只看重数据，就很有可能做出误判。

段永平说过这样一段话："我在乎利润、成本这些数据里面，到底是由哪些东西组成的，要知道真实反映的东西是什么，而且要把数据连续几个季度甚至几年来看。跟踪一家公司久了，就知道它是在说谎还是在讲真话。好多公司看起来很赚钱，现金流却一直在减少，那就危险了。"所以他非常看重对企业基本面的分析，对一些基本的数据很感兴趣，但更加感兴趣的是数据的组成成分。

段永平还说："投资界总是有人试图找出一种不用懂企业就可以在股市上赚钱的方法，他们永远都不会找到的。如果能找到的话，这个办法应该早就找到了，那现在投资界赚钱最多的一定是数学家。在美国，我确实见过很好的大学里有些教授依然在试图找到通过数学、用电脑就可以赚钱的办法，他们的逻辑推理的前提里有些假设是不对的，所以后面的结论不管多高级都不可能得出正确的结果。有意思的是，这些教授大多数都是我曾经的同行——计量出身的（我曾经是人大计量经济学的'烟酒生'哈）。"在段永平看来，单纯的数据研究和计算并不能证明什么，关键要看数据背后体现出来的基本信息和企业运营的基本逻辑。

正因为如此，段永平常常会选择分析毛利率、净资产收益率、净利率等几个指标，看看相关企业是否符合自己的选股标准。

比如茅台就具有高毛利率、高净资产收益率和高盈利三大优势。在2016—2020年这五年时间里，茅台公司的毛利率始终维持在89%以上，净资产收益率保持在24%以上。

其中茅台的销售毛利率在2016年为91.23%，2017年为89.80%，2018年为91.14%，2019年为91.30%，2020年（三季度）为91.33%；

销售净利率在2016年为46.14%，2017年是49.82%，2018年是51.37%，2019年是51.47%，2020年（三季度）是53.34%；

总资产收益率在2016年为18.00%，2017年为23.44%，2018年为25.69%，2019年为25.65%，2020年（三季度）为19.50%；

净资产收益率在2016年是24.44%，2017年是32.95%，2018年是34.46%，2019年是33.09%，2020年（三季度）是23.20%。

只要进行分析，就会发现，茅台的基本面符合段永平的选股标准和投资标准。在投资其他企业时，他也经常参照这三个基本指标，寻求更为合理的估值。

所谓毛利率，是营业收入减去营业成本，然后除以营业收入。它主要反映了企业产品销售的初始获利能力，也是公司业务转化成为利润的核心能力。一般来说，低毛利率的企业是无法具备良好盈利能力的，高毛利率则反映出企业的获利能力和生存能力很强。

很多人会将毛利与毛利率混为一谈，其实两者完全不同，毛利高的产品不一定具有高毛利率。假设投资项目A，成本为10万元，收益为20万元，毛利则为10万元，毛利率为50%。项目B的投资成本为40万元，售价为60万元，毛利是20万元，而毛利率为33.3%。按照常规思维，人们一定会觉得项目B更值得投资，因为挣到了更多的钱，但实际上项目A的毛利率更高，是更为理想的投资对象。假设项目准备拓展，那么项目A的回报肯定会更高。

所谓净利率，是指企业的净利润和主营业务收入之间的百分比，强调的是企业获得1元的收入净赚多少钱。假设某公司的年营业额为1000万元，扣除成本之后的净利润为250万元，那么这家公司的净利率是25%。而另一家公司的年营业额为2000万元，但净利润只有200万元，净利率为10%。很明显，在年营业额明显更低的情况下，第一家企业的净利率却更高，这往往意味着第一家公司的运营成本更低，生产和销售的费用更低。

净利率是衡量企业竞争力的重要指标，表明企业可以用更少的成本挣更多的钱，所以，高净利率是评估企业的重要指标。不过净利率也不是绝对的，像一些酒水类的企业，净利率明显要比电器制造类的企业高，但并不能因此就认定酒水类公司比电器制造类公司更加出色，更值得投资。

所谓净资产收益率，等于净利润除以股东权益，因此它一直被称为股东权益报酬率、权益报酬率、权益利润率。作为评估和衡量企业内在价值的重要指标，它可以更好地反映出公司管理层利用股东投入的资本实现了怎样的经营效率，比如净资产收益率越高，企业的投资回报率和盈利能力越高，这家公司的内在价值和股价往往也会随之稳定增长。

净资产收益率是一个非常重要的财务指标，甚至被称作财务指标全能王，可以反映出很多方面的问题。

比如，按照公司进行推理，净资产收益率=净利润/净资产，而净利润/净资产=净利润/销售额×销售额/总资产×总资产/净资产。

只要认真分析，就会发现，净利润/销售额主要体现出企业的净利率，销售额/总资产则反映出资金周转的快慢和资产利用效率，总资产/净资产则体现了企业的杠杆率，可以反映出总资产中到底存在多少股东权益，以及存在多少债务。债务相对股东权益越高，表明杠杆回报越大，对外债务的利用率更高，偿还债务的能力也越强。而这三个方面正好对应了公司的盈利能力、营运能力和偿债能力。

这些指标都是投资者给企业估值时非常重要的参考要素，一个投资者想要很好地对标的公司进行估值，想要弄清楚标的公司是否值得投资，就可以选择从这三个指标入手，最好可以结合起来进行分析，当然前提在于一定要确保对企业足够了解，确保相应的数据没有掺杂水分。

此外，还可以选择考核其他指标，比如净资产。当然，段永平说过："我的理解是按有效净资产，也就是要把一些其实没用，就是如果你有机会重建时不会花的钱去掉。计算价值只和未来总的现金流折现有关。其实净资产只是产生未来现金流的因素之一，所以我编了个有效净资产的名词。也就是说，不能产生现金流的净资产其实没有价值（有时还可能是负价值）。"在段永平看来，有效净资产是产生现金流的重要因素，因此也是一个非常重要的估值指标，是定量分析中需要把握的一个要素。

## 寻找现金流充足的公司进行投资

有人曾询问段永平：中国民营企业在贸易战中应该做好什么准备？他直接回复："最主要的是取决于企业本身，做得好，有没有贸易战都无所谓。很多做得不好的企业，会拿贸易战当遮羞布。好的企业，危机来的时候，反而是机会。我们不贷款，有充裕的现金流，所以每一次危机来的时候都是机会。"

还有一次，一个投资者向他请教比特币和区块链的问题，段永平回答说："我对不产生现金流的东西，不感兴趣。"

为什么段永平一直坚持要看企业现金流？现金流是否充足在股票投资中真的那么重要吗？从企业发展的角度来看，现金流的确是投资者非常看重的一个投资指标。

首先，一家企业只有拥有充足的现金流，才有足够的资金去投资更多更好的项目。比如企业将钱投入一个非常好的项目时，应该留下一笔钱，因为当更好的项目出现时，可以用储备的现金进行投资。

其次，一家企业只有拥有充足的现金流，才能抵御意外的风险。事实上，很多企业之所以会倒闭，不是因为经营管理不善，不是因为自己投资的项目不好，而恰恰是因为自己缺乏足够的现金储备，导致意外发生时，自己拿不出足够的钱抵御风险，最终因为资金链断裂而导致项目失败甚至企业破产。对于任何一家企业来说，没有现金流都是危险的，企业需要一笔现金来保障自己在行情不好时，免受资金不足的掣肘。

总的来说，现金流能够反映出企业的发展活力和潜力，投资者在投资一家企业时，应该想办法了解公司的现金流。但查看一家公司的现金流是否充足，不是看企业的营收额，不是看利润表，而是看企业的现金流量表。

现金流量表是财务报表的三个基本报告之一，它可以有效呈现某一固定期限（通常是一个月或一个季度）内，企业的现金是增加还是减少。现金流量表的一个特点是，内部的现金流量是以收付实现制为基础的，通过这个报告，投资者就可以快速了解企业获取现金和现金等价物的能力，弄清楚企业在短期内是否存在现金不足的问题，而现金不足又是否会影响企业处理风险和拓展业务投资的能力。还有一点，现金流量表能帮助投资者更准确地预测企业的未来现金流量。

现金流与营收是两回事，虽然企业在创造利润的时候，会创造现金收益，但并不是所有高收益的企业都会产生很高的现金流。比如很多企业的开支非常大，现金流入和流出的比例失衡。这个时候，通过现金流量表就可以了解企业的投资状况和经营管理的水准。还有，一些企业的现金流入很大，但流出很少，这就表明企业内部的资金流动情况不那么合理，企业的投资能力偏弱。

为了更好地了解和分析现金流量表，掌握标的公司的现金流，投资者一般可以重点关注以下两个指标：

第一个是资本开支。所谓资本开支，是指企业购买的厂房、设备、土地等长期资产的现金或者现金等价物支出，它通常是一种多期折旧或摊销费用的资产。投资者可以在现金流量表中，查看投资活动产生的现金流账户，这里面就有资本开支的相关情况。正常情况下，净利润中用于资本开支的比例越小，企业的竞争优势就越大；反过来说，净利润中用于资本开支的比例越大，那么企业的竞争优势反而就会越小。

很多有经验的投资者会先将标的公司过去10年花了多少现金购买土地、厂房、设备等资产计算出来，然后计算过去同一时段内累积了多少净利润（每一年的净利润相加），只要将过去10年来资本开支的总额与净利润总额进行对比，就可以知道资本开支在净利润中所占据的比例大小，从而判断这家公司是否真的具备持续竞争优势。巴菲特和芒格都认为，如果一家公司10年来资本开支与净利率的比例在50%以下，那么这家公司现金流通常比较充裕，具备持续竞争优势。如果这一比例低于25%，那么这家公司在未来很长一段时间内都具有明显的竞争优势，是非常理想的投资对象。像可口可乐公司、苹果公司、腾讯公司、谷歌公司都曾长时间保持资本开支在净利润中的低比例。

所以，投资者需要关注资本开支的项目，并认真计算它与净利润的比值，从而对企业的现金流做出有效评估。

第二个是回购股票。一般来说，很多具备持续竞争优势的上市公司，都会在时机成熟时利用公司多余的闲置资金回购自身股票，减少股票在市场上的流通数量。这样做，是为了进一步提升股票的每股收益，推动股价的上涨。当然，并不是所有企业都会这么做，毕竟很多企业会抛售股票套现，而只有看好自身股票成长且现金流充足的企业才会选择回购股票。

所以，一家公司回购股票数量越多，回购行为越频繁，就表明公司的现金流越充足，它们具有充足的资金来应对接下来新一轮的投资，也有能力做好风险控制工作。

为了更好地了解标的公司是否回购股票以及回购的基本情况，投资者可以查询现金流量表中位于"发行（回购）股票【净值】"的账户，在这个账户中，投资者就可以看到具体的回购频率和回购的数额。

对于投资者来说，了解现金流量表上的资本开支和回购股票情况，可以更好地弄清楚企业的现金流是否充足，企业是否具备可持续竞争优势，从而更好地做出是否值得投资的决定。

从投资的角度来说，现金流的确非常重要，投资那些现金流充足的公司是一个不错的选择，但需要注意的是，企业的现金流并不是越多越好。很多出色的投资者都能够意识到，如果一家公司很长一段时间内都执着于现金等价物（那些非常容易就能转换成现金的资产）或者长期政府债券投资，那么它往往要承受一定的负面结果，因为当一家公司手里有大量现金时，这些现金不但无法产生任何收益，而且会产生很大的机会成本（因为如果用这些钱投资其他项目，也许能够挣到很多钱）。还有一点，现金是会不断贬值的，企业持有大量现金，只会造成资产的萎缩。

事实上，一家企业如果拥有太多的现金流（这里强调的大量现金流是相对于企业本身的规模和营收能力而言的），往往表明一个问题：这家企业的资金使用率很低，它无法找到一个合适的投资项目，没有办法在那些更高回报的项目上进行投资，所以只能产生大量的资金堆积。而如果企业不能够及时找到新的投资，不能将钱利用起来产生更多的资本，那么企业将陷入停滞，慢慢陷于困境之中，而一旦失去了活力，企业将很快遭遇危机，甚至倒闭。所以，一家企业的现金流不能太多，投资者必须保证所投资的公司，其内部的现金一直处于流动的状态，也只有这样，企业才能处于一种良性循环的状态。

## 设置估值区间，确保模糊的精确

在价值投资中，对企业进行估值是一项重要的工作。可以说，价值投资就是建立在估值的基础上的，如果不能对企业进行合理估值，不能给出一个更加合理的估值，投资就可能出现重大差错。正因为如此，投资者一定会选择一个更为合理的计算方式进行估值，保证自己不会看走眼。

在对企业进行估值的过程中，很多人常常会提出这样一个疑问：估值那么重要，有没有一种非常精确的估值方法呢？

这个问题在过去一直困扰着投资者，即便是顶级的投资者，也没有办法给出一个精确的估值方式。换言之，他们也没有办法对企业进行精确估值，只能给出一个估值区间。在《证券分析》中，格雷厄姆和大卫多德曾一起讨论过估值区间的概念："证券分析最关键的一点是不要痴迷于计算一个证券精确的内在价值，你只需要确信其价值足够。比如说，去保护其债券价格或者股票价格相对其价值来说不要太高或太低，就好了。目标是这个的话，对内在价值有一个模糊大概的估算就够了。"格雷厄姆本人是这样说，也是这样做的。在估算企业价值的时候，他的计算方法很简单，就是估算每股净运营资金的指标，得出一个大概的公司流动价值，这种方法实际上就表明了他也没有办法对公司进行更精确的估值。

在过去差不多上百年的时间里,一直有人试图对企业进行精确估值,但是无论采用什么方法,都很难得出一个完全合理的结果。各种估算方法层出不穷,但想要达到精确的地步,几乎是不可能完成的一件事。那些顶级投资者,也从来没有打算设计出一套完全精确的估值方法。

事实上,对于企业的估值非常复杂,因为企业价值本身就受到很多因素的影响,而且每时每刻都在变动,这也是为什么不同的人会有不同的标准。总而言之,企业的内在价值不是一个具体的数字,它更多的是一种估值,而这种估值只能设置出一个区间来进行估算。段永平曾经说过:"物质都是客观存在的,公司的价值就是固定的,等于每年折现之和。公司变化的只有每年的同比数据,从另一角度说,一个公司从存在的那天起,其价值就定了。以后怎么发展,应该是由今天的基因决定的,只是这个价值的数值没人可以准确知道。就像一个小孩,以后长多高基本就定了,与遗传因素、后天因素有关,但后天的因素又与性格、家庭有关,只不过,小孩能长的这个高值是没人准确知道的。我们要做的一切,就是要尽量准确地知道这个值。"

正是因为难以给出具体的估值,段永平提出了一个观点:"宁要模糊的精确,不要精确的模糊,未来现金流折现指的是一种思维方式,而不是数值,估值就是毛估估的。"他进一步解释,"宁要模糊的精确,也不要精确的模糊,意思是5分钟就能算明白的东西,一定要够便宜。只有便宜才买。20元的东西卖15元我只会买一点点,真到10元才会下重手。重仓买到便宜股票多少需要些运气,天天盯住好像几乎很难做到。"

在他看来,未来现金流折现是目前较为合理的方式,但做不到精确,一般情况下,只能进行一个毛估估。具体是如何毛估估的呢?对此,段永平曾经说过:"还是巴菲特那一套,看它未来的生命周期里能够给它带来的现金流。这是个毛估估的东西，没有一套公式。就像姚明走进来，你不需要用尺子去量，你一定知道姚明很高。用我这样个子的价钱去买姚明这样的身高，我就买了，我不需要具体知道他比我高多少才买。至于是不是它的价钱涨到跟姚明的身高一样的时候我就该卖了呢？这个没法讲。也许有别的原因，比如我发现一个更加合适的股票。"

在他看来，设置一个区间是更为合理的方式，无论是给网易估值，还是给苹果估值，他都是给出一个大致的区间，保守地给企业的价值进行打折处理，这样就可以给出一个估值的下行区间。一家公司按照长期国债利率计算，可能有300亿元，但是人们不可能真的认为这家企业就真的值300亿元，一般会进行打折估算，比如打七折或者六折，这个时候，企业的价值可能就变成了210亿~300亿元，或者可以再微微上调一些。无论怎样，人们不可能直接给出一个具体的数字，这样做有助于投资时更好地把握好力度，避免少投或者多投。

其实，只要进行分析，就会发现无论是未来现金流折现，还是市盈率，本质上都是一种估值，由于相关因素的变动，人们在估值的时候基本上不可能停留在某一个精确的点上。一个很现实的问题是，公司公布出来的账面价值、收益以及所谓的现金流，也只是根据一套相对严格的标准和实践做出来的合理的会计猜测，不可能做到完全精确，它们更多只是为了追求一致性而非为了反映公司的经济价值。如果投资者不能理解这些，可以对身边价值更小的东西进行估值，小到一辆车，大到一栋房子，都无法给出精准的估值，只能说它们大概值多少钱，处在什么价位上。对于更加复杂的公司来说，更是如此，因为公司本身的价值受到宏观环境、市场调控和自身发展变化的影响，一直处在不断变动之中。

所以，大家在估值时，都需要设定一个合适的区间，这个区间本身具有一定的弹性，投资者可以按照实际情况进行估值。一般来说，在估值的时候，可以选择区间的最大价值，这样做虽然看上去有些保守，但其实更有助于设置安全边际。

段永平建议投资者不要执着于寻找一个精确的估值，那些声称能够对企业进行精确估值的机构和个人，往往也是打着专业分析的幌子欺骗咨询者。人们在投资的时候，应该按照自己的方式和方法去给企业估值，应该按照自己的理解去评估企业的内在价值，尽可能做到模糊的精确，在弹性分析中准确把握企业发展的基本情况。

其实，关于估值的问题，更多地要依赖定性分析，虽然在定性分析时需要一定的量化，但这种量化是无法做到精确的，定性分析本身也无法做到精确，人们只能大致上给出一个区间来分析，而这本身就是投资的趣味所在。

## 拒绝博傻理论，坚持价值分析

在日常生活中，经常可以发现这样一个奇特的现象，当人们疯狂炒作某一个商品或者某一类物件时，往往会有很多人将这些东西的价格炒到很高的位置上。比如十几年前几十万元、几百万元一株的兰花，几百万元甚至上千万元一只的藏獒，动辄上亿元的名人字画，往往会在一个不可思议的价位上成交。可是当风头过后，它们的价格开始大跌，很多购买兰花、藏獒的人都亏得倾家荡产，就连一向被人看好的字画收藏，这两年也开始快速降温，字画拍卖的价格不断下降。

为什么前后会出现这样大的反差呢？其实这里涉及一个最基本的经济学原理，那就是价格围绕价值上下波动。简单来说，一件商品的价格是由自身的价值决定的，即便商品具有附加价值，也不会产生太大的价格偏离。那些疯狂炒作的商品，价格快速回落，并不是因为它们不值钱了，而是因为它们本身就不值钱，它们自身的价值根本不能长久支撑起高价位。

既然价格围绕价值上下波动，那么为什么一开始会出现价格暴涨的现象呢？这里所谓的炒作，其实涉及一个很常见的现象，那就是博傻理论。博傻理论最初是股票和期货等资本市场上产生的一种比较高明的投资策略，它的基本原理是人们在资本市场中会刻意忽略某一产品的真实价格，而故意抬高价格来购买产品。很多人觉得这种方式太傻了，但实际上，提价者的目的就是激活市场，提升关注度，然后期待着其他潜在的买家会花费更高的价格从自己手上买走这个产品。

在股票市场上，在兰花和藏獒炒作的事件上，都存在博傻理论的影子，在这些炒作的背后，都有一个重要推手先通过抬价来吸引投资者，然后新的投资者又会通过高价购买来进一步抬价，争取下一批投资者可以从自己手里花更高的价格购买。在整个过程中，每一个参与者都花高价购买产品，然后期待着下一批人可以花更多的钱购买，每一个人都在期待着有更傻的人能够高价接盘自己的产品。

这是一个非常危险的游戏，因为任何产品的价格都不可能无限提升，股票的价位也不可能无限制地增长下去，最终还是会崩盘的，关键在于谁会是最后的接盘者，谁才是最后那个倒霉蛋。可以说，每一个参与者都存在侥幸心理，都在赌自己不是最后的接盘者。参与博傻游戏的人越多，产品的价格就越是偏离价值，风险也就越高。

投资者一定要避免参与到博傻游戏当中，无论投资什么企业，无论购买什么股票，首先一定要对企业有一个基本了解，要对企业的价值进行合理评估，避免人云亦云，避免跟着别人的节奏走。当某只股票的价格一路上涨时，一定要保持谨慎，认真进行分析，如果发现企业的价值并不高，就一定要坚决远离博傻游戏。

博傻理论的本质就是一种投机策略，简单来说，参与这个游戏的人可能并不在乎所投资的东西究竟存在多少价值，其目的就是抬价，寻找下一个傻瓜接盘。很多时候，他们也会担心自己成为被收割的对象，但是相比之下，他们更加倾向于相信能找到下一个被自己收割的傻瓜，这种疯狂的游戏最终可能会引发灾难。

典型的一个例子就是1987年10月，美国股市经历了著名的"十月大屠杀"，股市在短时间内直接断崖式下跌了1000点，大批百万富翁、千万富翁在股市中一夜之间沦为赤贫，有不少股民因为破产而自杀。而在这次"大屠杀"之前，股市竟然已经神奇地连续5年都是牛市，甚至于在10月之前还在疯狂上涨，这里面或多或少是因为有人在背后恶意充当推手，误导民众相信美国经济会持续火爆下去，结果引发了巨大的灾难。

段永平曾经毫不留情地批评了那些所谓的熊市和牛市的说法，认为其中存在很大的误导性："想着牛熊市本身就是投机，不是或多或少的问题。"在他看来85%的人即便在牛市里也挣不到钱，因为他们往往会成为被收割的韭菜，这批人只懂得盲目跟风，只懂得看股价上涨的趋势，并期待着可以在更高的价位上脱手，而他们实际上很难赢过庄家。所以，段永平一直都觉得很多购买股票的人不具备投资能力，一心想着通过寻找接盘者来赚取差价，这种投机心态只会让自己铤而走险，成为博傻理论的受害者。

需要注意的是，很多人看到股价快速上涨，就觉得一定有庄家在当推手，就觉得相关的公司一定有问题，只是想着高价脱手；有的人看到很多人疯狂跟进上涨的股票，且股票持续上涨了很长一段时间，就认定存在博傻游戏。甚至于很多人对A股很不满，认为自己每次购买A股中上涨趋势很好的股票时，常常被套，因此认定A股就是有意运用博傻策略，让更多的投资者击鼓传花，寻找最后的接盘者。对此，段永平做了解释："认为A股只是在博傻的想法是大错特错的，其实A股中最后真正赚大钱的还是那些价值投资者，和别的任何市场一样。不要被表面的东西所迷惑，长期而言没价值的股票是不被'填权'的，填了也会回归本原，A股和美股的差别可能是系统性风险大一点而已。"回归问题的本质，投资者要思考的还是价值，有价值的东西，价格最终必定会升高，只有那些低价值企业出现的持续抬价现象才值得警惕。

## 不要被企业自己的估值所迷惑

有个网友曾经和段永平谈起了东方园林,说他在雪球上做了调研,发现整个平台上只有3个人在关注东方园林,当时的股价为70元。此外,他还对这家公司做了基本的信息搜集,发现它在2011年的市盈率为10倍左右,2012年达到了12倍。而在2010年,高管股权激励价为65元,之后上涨到了85元,拟定的定向增发价76元。股本为1.5亿元,市值熬到了106亿元,董事长更是对外发表了讲话,说5年内做到市值1000亿元。

可实际上,市场对这家公司非常担忧,投资者也处于观望状态。一方面是市政园林工程的回款不如预期,地方政府没有钱,很多都是用土地来支付的,导致东方园林被迫进入房地产业,基本上按照地产股在估值,风险很大;另一方面是定向增发本身就具有很大的失败可能性,导致现金流更加紧张。这两点担忧,其实也在股价的走势中慢慢体现出来了,公司的股价越来越低。

段永平对这家公司也做了一个简单的评价,说道:"凡是说要把市值做到多少钱的我都不碰。"

这是段永平投资理念中的一个重要原则,而这个原则的关键点还是建立在对企业的自我估值基础上的。简单来说,一家企业是否出色,是否拥有很高的内在价值，不是依靠自己公布出来或者自己进行评估的，而通常是需要获得外界的评估和认可的。一家企业越是迫不及待地对外公布自己的市值，越是强调自己给出来的估值，往往越是表明它存在问题：要么是为了给投资者制造假象，拉拢更多的投资者；要么是为了做好品牌宣传，吸引更多的客户和合作商。无论目的怎样，这都是一种刻意为之的非正常现象。这就像商家卖产品一样，好的产品应该是经过市场和消费者认可的，而不是商家自吹自擂的宣传。世界上最好的那些商家，从来不会主动给自己贴金，因为消费者和市场会给出最公允的评价。

事实上，很多公司都存在类似的现象，为了让自己更具投资吸引力，为了让自己看起来更加强大、未来的发展前途更好，企业管理者常常会让人适当公布一些发展数据，公布一些企业发展的目标，公布相关的估值数据。对于企业来说，这是多此一举，而且给人一种刻意掩饰和夸大的感觉。企业越是预测未来的发展状态和存在的价值，就越是证明它缺乏足够的信心，因此需要想办法给自己打广告。如果对那些伟大的公司进行分析，就会发现它们虽然有着远大的目标，但这些目标通常和市值无关。很多优秀的公司根本不在乎那些数据，也不在乎行业内的排名。只有那些发展状态不佳的企业，才总是想着要把企业做到多少市值，想着成为行业第几，而大部分这样的企业最终都被市场淘汰出局。

在硅谷，每年都有大量新兴公司倒闭，这些公司有非常好的概念，但因为过于看重市值，很容易被华尔街的资本控制。这些公司常常会给自己提出一个很高的估值，就像那些互联网企业或者"互联网+"企业，往往依靠一个概念就可以获得几十亿美元的融资。这样的企业，缺乏稳定成长的根基，更像是资本注入后形成的互联网泡沫，如果投资者被这些企业给出的估值迷惑，就可能会误入陷阱。

从另外一个角度来分析，一个企业过分在乎数据，往往很难获得实质性的发展，很难形成突破，它们常常会因为一些短期利益而放弃更好的发展机会。这一类企业缺乏明确的目标，只想着让自己的账本更好看，让自己的账面价值更加吸引人，而这样的企业，最终会因为自己的短视而丧失优势。相反，那些不看重市值，不看重规模的企业，可能会深化改革，将注意力集中在如何制定长远发展的战略规划上。

段永平不太喜欢那些注重数据展示的公司，他更加希望通过一些基本面信息和定性分析，计算出企业的内在价值。实际上，他一直强调对企业内在价值的估计，这种估计不是以某个机构给出的数据为参照，也不是以某个权威人物计算出的数据为标准，更不是以企业自身给出的数据为基准。他觉得每一个投资者都要按照自己的标准，按照自己的理解去给企业估值，不能被外界其他人的估值所影响。只有自己去理解这些公司，才能够更好地得出结论，方便自己做出判断。比如对于苹果公司，段永平的估值肯定和巴菲特不同，肯定也和库克给出的估值不同，每个人都会按照自己的估值做出是否值得投资、应该投资多少的决定。

所以，当投资者面对那些自己给自己估值的企业时，一定要保持清醒的头脑，干脆避而远之，坚决不去触碰，以免自己踩坑。需要注意的是，并不是所有自己给自己估值的企业都有问题。很多企业，虽然也会给自己估值，但是其估值是建立在对企业内在价值的准确评估的基础上的，可以说，整个估值基本上符合企业自身的发展情况。在面对这种情况时，如果投资者对企业的第一印象还不错，或者有一些兴趣，那么就可以再次对公司进行估值，直接对公司加以考察，了解公司的财务账单，看看这家公司的未来现金流折现，按照自己的理解进行估值，然后对比企业的估值，看看两者之间的差距有多大，从而更好地做出判断。

## 不要忽视直觉的作用

有个网友向段永平请教时,谈到了自己公司的一件事:他的公司曾经引入一家供应商,这家供应商实力雄厚,发展规模很大,设备也非常先进,还为许多世界级的大公司供货。可是当他仔细对这家公司进行考察时,他发现这家供应商内部有一些编程执行得很不好,主管大多盲目自信,喜欢凭经验办事,这让他的心里感到极不踏实,始终觉得哪里有问题。可是其他参与考察的人员都觉得没有什么问题,他只好作罢,毕竟没什么证据。结果一年后,这家公司提供的产品中有一批次出现了很大的问题,给公司造成了严重的损失。

听了网友的话后,段永平直接表态:"直觉往往是有道理的,只不过道理一下子没找到。我记得以前我看过一本书叫《六顶思考帽》,里面好像就讲到直觉的作用。"

有关直觉和投资的问题,段永平曾经聊起过自己的投资经历:有一次他去一家网站上查看各大公司的信息,结果无意中发现有一家中国公司竟然没有中文网站,整体上全是英文,一看就是给外国的投资人设计的。更加令人费解的是,这家公司根本没有谈到任何有关企业文化的内容。看到这里,段永平直接退出了这家公司的页面,从此不再关注它。他解释:"一般而言，太把华尔街当回事的公司我都很小心。"段永平为什么要这样说呢？为什么这样的举动就表明那个公司太把华尔街当回事呢？

后来他做了进一步解释："一个中国公司，没有中文网页。你想，消费者都是中国人啊。主页上2/3版面都是消息和股价资料，说明公司认为这些很重要。当然，这些并不代表这个公司一定不好，但我觉得至少有明显缺陷，一般就很难再花时间去看了。"

在这里，他强调的还是直觉，因为直觉告诉他这家公司的做法是不合理的、违反常规的，且明显是在掩饰自己的一些不足之处，这自然会引起他的担忧。实际上，段永平也认为这可能是一家还不错的公司，会给投资者带来一定的收益，但他更愿意相信直觉。

许多人都强调投资要理性，要绝对保持谨慎，但很多时候，理性也无法帮助人们解决问题，当人们无法依靠理性分析来给企业估值，或者给出合理的投资模式时，就要适当地依靠直觉。而且直觉本身和理性是不冲突的，很多时候直觉反而会帮助人们变得更理性，因为直觉本身往往就是建立在经验和知识积累的基础上的。心理学家发现人的思维过程本身就带有一种选择机制，人们在思考某个问题时，大脑中会很快列出一大堆答案，然后进行筛选。在筛选的过程中，大脑会调动原本存储好的知识，自动搜寻事物之间的相关性，并按照这种相关性来进行推理，这就是所谓的直觉。直觉其实大多是建立在大脑对存储知识进行过滤与审核的基础上。直觉所做出的决策，未必是完全不合理的，是人们的经验总结和知识构架的具体反映。

麦肯锡全球总裁鲍达民年轻时，曾跟随一位麦肯锡的新加坡导师学习。有一次，导师让鲍达民在下周一与一位石油公司的CEO会面，可是鲍达民并没有见过对方，也不了解对方的为人，不清楚该如何交流。鲍达民为了顺利完成工作，利用周末的时间搜集对方的资料，然后针对性地写了一份还不错的演说稿。他将自己的演说稿和计划说给了导师听，没想到对方连看也没看，直接将稿子甩在地上。接着，导师非常严肃地说道："我要的是你的直觉，因为商场上总会碰到需要在既无事实、没时间分析但又必须在分分钟内做出决定的情况，你必须为此进行练习。"鲍达民此时才恍然大悟，因为商场本来就瞬息万变，人们不可能总是依靠理性分析渡过难关，直觉也应该成为判断局势的一种方式。

在投资中往往也是如此，这个世界并没有绝对理性的人，也不可能有人真的依靠理性就可以百分之百保证自己的投资一定挣钱。所谓的理性分析往往都是打折扣的，不可能真的完全依靠理性就能找出问题所在。当理性分析无法解决问题的时候，直觉就是一种高效的思考方式。就像很多人一时间看不懂某企业，无法对其进行合理估值，但如果个人觉得不踏实，总是感觉到有哪些地方不对劲，那么此时一定要注意保持谨慎态度，不能忽视直觉的作用。

事实上，段永平投资多年，对很多公司都不理解，也看不懂它们的商业模式。很多时候，包括对像特斯拉和亚马逊这样的超级大公司，他会依赖直觉做出判断，虽然也可能会出现判断失误的情况，但总体上来说，直觉仍不失为理性分析之外的一种靠谱的分析方法。

需要格外强调的是，无论对谁而言，直觉都只是一种辅助的分析手段和思考模式，由于缺乏足够的证据作为支撑，直觉本身存在一些较为明显的缺陷，多数情况下是不能轻易作为分析企业和选股的标准的。切记，不要过分相信直觉的作用，以免造成严重的误判。

## 第四章

## 炒股时,最好进行长线投资

## 短线操作比长线操作更难

从投资的形式来看，一般来说，投资可以分为短期投资、中期投资和长期投资。不同的人往往会采取不同的投资方式和策略，有的人侧重于短期投资，而有的人更加喜欢中长线操作。

一般情况下，从制定投资目标的角度来看，人们会将实现周期为3年以下的投资目标定义为短期投资，实现周期为3~5年的投资目标定义为中期投资，实现周期为5年以上的投资目标定义为长期投资。

对于价值投资者来说，长线投资是一个绝佳的投资方式，至少人们应该坚持以长线持有的心态去购买股票。段永平说过，短线操作的难度要比长线操作更大，因为短线操作者为了获取更大回报，一般都会选择一些高回报的公司作为投资标的，而这类公司的波动比较大，风险很高，一般人根本无法很好地把握买入和卖出的恰当时机。由于这类企业的股价可能在下一刻就会发生变动，因此投资者需要想办法在最低点买入，最高点卖出，通过频繁交易来寻求差价，而这对个人的判断能力提出了很高的要求。

一般来说，短线操作的人需要强大的心理承受力，需要出色的操作技巧，需要对股市发展有精准的判断力，而普通人很难做到这一点。那些能够在短线操作中盈利的人，往往都拥有丰富的经验和强大的技术。从技术层面上来分析，多数人都不适合短线操作，缺乏足够的技术来完成高效的短线操作。相比之下，长线作业更加让人省心，只要选定了一家优质的企业，就可以静待企业的有序发展，然后获得自己想要的收益。

在价值投资者们看来，如果购买的公司不具备长期的竞争力，那么短线操作可能更适合，但这样一来，又可能整天提心吊胆，就连晚上也睡不好觉，担心投资出现亏损。一旦公司出现了一个大利空，股价下滑，投资者就会担心接下来的财报会很难看，远不如预期，导致股价进一步下跌。事实上，盯着这样一家公司，投资者往往不得不花更多时间盯盘，以确保发现股价有下滑趋势时，就立即打听情况，看看自己是不是不知道某些利空消息，一旦有什么利空消息，自己肯定要选择割肉出局。

显而易见的是，这种投资会非常累，会带来很大的精神压力。多数投资者的心理素质本来就不是很强大，无法承受如此短线操作所带来的巨大风险，他们最好是选择一家具备长期竞争优势和发展空间的公司进行投资。如果人们购买了一些具备长期竞争优势的企业股票，就没有必要时刻担惊受怕了，因为购买这样的股票看重的是长期的发展，短期内的利空消息和波动，通常并不会影响公司长期的发展，因此投资者只要坚持长线操作，根本不用去理会短期的波动。事实上，如果市场反应过度而导致股价大跌，反而可以趁机多买一点。

此外，从投资的回报来看，长线投资更加稳健，注重时间的积累，而短线投资风险很大。对多数人来说，想要挣到钱并不容易，因为股市本身的高低起伏并没有太多的规律可循，人们只能依据经验做出判断，但这种判断的成功率偏低，况且普通人根本不具备这样的预测能力和分析能力。

段永平曾批评短线操作："这种做法（短线操作）时间长了一定没钱赚，搞不好连利息（本金）都赔掉。为什么放着阳关道不走呢？绝大多数习惯短线操作的人是不会改的，这个做法也不一定亏钱，亏的是机会成本，所以不容易明白。一般短线赚了钱的意思和去赌场赚了钱的意思是一样的。有人通过中彩票赚了大钱，但那是别人学不来的。"在他看来，短线操作和投机没什么两样，都是赌博行为。

尽管也存在一些短线操作高手，有些大师级别的人物也喜欢短线操作，但成功案例基本上寥寥无几。普通投资者想要通过短线投资获取收益是非常困难的。段永平的意思也不是贬低短线操作或者贬低投机，他只不过是认为短线操作的模式难度太大，获益的可能性比长线投资要小。段永平曾经批评中国国内的大多数投资者都具有投机心理，喜欢短线操作，即便是选择了长线持有某只股票，也表现出了短线操作的心态和行为习惯，动不动就去看看股价是涨是跌。

有趣的是，很多投资机构虽然也想要进行长线操作，但往往因为现实问题而被困在追求短期回报的境地。因为不少机构的基金经理是按小时收费的，这是一笔巨大的开支，如果坚持长线投资，那么，仅仅支付这笔钱就可能已经远远超出了长线投资的获利。此外，很多投资机构背后的大股东和管理者急功近利，要求机构内的经理不断和其他同行比较，这种频繁的对比和排名只会进一步推动他们向短期投资靠拢，靠着短期的收益来保持自己的优势，证明自己的价值。一旦他们出现了差错，或者做得不够出色，就可能会遭受各种惩罚，因此，他们不得不强化短期效益，以保证自己不会失去工作。正因为如此，人们在投资的时候，要尽可能寻找那些值得长线持有的公司，如果想要借助投资机构挣快钱，也应该尽可能多观察、权衡，避免选到那些缺乏战略规划、难以追求长远发展的投资机构。

## 市场短期来看是"投票器",但长期来看是"称重机"

价值投资的鼻祖格雷厄姆有一句至理名言:"市场短期来看是个'投票器',但长期来看是个'称重机'。这句话的意思是说股票价格在短期来看是市场报价的结果,是所有参与者在博弈下产生的"涨"和"跌"的结果。这个结果的变动一般会比较明显,高峰和低谷的落差可能会很大,而且波动频繁。但是从长期来看,股票的价格虽然会有各种阶段性的波动,但不会太过于偏离原本的价值,它会一点点地向其内在价值回归。

怎样去更好地理解这句话呢?可以举一个简单的例子:2005年,某跨国公司选择上市后,股票的发行价为270元每股,之后频繁波动,曾在短短一年之内上涨到450元每股,但是到了之后两年时间里又疯狂下跌到250元每股。这种变动在公司起步的前5年时间里非常频繁,很多投机者曾在一个月内赚到几亿元的差价,但也有很多人在疯狂入市时亏得倾家荡产。可是无论股价怎么波动,整体还是处于不断增长的态势中,到了2020年,这家跨国公司的股价已经突破了1500元大关。业内人士预测,这家公司在未来10年时间里可能会上涨到2500元的高位,因为这就是公司最真实的价值表现。

又如一家公司在上市后,股价一路飙升,从最初140元每股的价位,上涨到370元的高价位。股民开始狂欢，认为这家公司在短短三年时间，就可以取得这样的业绩，在未来一段时间，公司的股价很有可能会突破500元。不料在之后的几年时间里，这家公司的业绩不断下滑，股价开始持续下跌，最终下滑到100元左右的价位上。很显然，这家公司的商业模式并不算好，企业的盈利能力也不突出，100元的股价就是企业真实价值的反映。只不过一开始在资本的炒作下，公司的股价才疯狂上涨，但疯狂之后，市场逐渐趋于理性，公司的股价最终回归到真实水平。

以上两个例子，道出了股市变化的基本形态，即股价虽然在短期内可能会极大地高于或者低于企业的内在价值，但最终还是会回归到真实价值上来。想要真正把握住企业的价值，想要获得理想的投资回报，最好的方式就是保持长线投资，因为只有长线投资才能够真正反映出那些优质股的高回报。

段永平非常认同格雷厄姆的那句话，即投资者应该建立起自己的信仰，这个信仰就是"相信长期而言，股市是'称重机'"。在他看来，任何企业的发展最终都是由内在价值来决定的，内在价值就是企业成长的基因。从某种意义上来说，虽然企业会在资本运作和股民的博弈下产生各种波动，但实际上最终的价格还是由内在基因决定的，可以说企业从一开始就已经展示出了未来成长的高度，只不过不同的人可能会有不同的估值而已。

从这个角度来看，对于投资者来说，长线投资是一个非常重要的策略，它能够保证人们投资的安全和盈利。也就是说，人们之所以选择长线投资的策略，就是因为对企业的内在价值有信心，认为企业的发展会更上一层楼，股价会达到更高的位置，所以愿意长期持有股票，等待股票兑现它所有的价值。

在这里，有一点很重要，那就是必须尽可能地进行合理选股、合理估值。假设人们选择了一家表现一般的公司，那么长线投资就可能会带来长期的亏损，所以投资者需要想办法选择真正优质的公司。事实上，人们不太可能通过长时间持有某只股票来验证一家企业是否值得投资，这样的试错成本是多数人都不愿意承受的，因此从一开始就要采用更合理的估值方式。这也是为什么很多投资者看好未来现金流折现，因为未来现金流折现强调的就是一种价值评估，是纳入时间轴进行考量的一种重要估值模式，对未来时间的现金流折现进行评估，这本身就是从长期考虑的具体体现。选择这种估值方式，可以有效评估未来一段时间企业的发展情况和业绩增长情况，如果未来现金流折现的情况不乐观，那么就意味着这家公司不值得投资。

运用未来现金流折现，或者采取其他一些预测和评估未来发展情况的方法，本质上都是对未来一段时间内的股价做出分析，确保自己可以在一个很长的时间段内准确衡量企业的价值。一家企业是好是坏，不是由一时的波动决定的，人们必须将其放在时间轴上进行分析，必须借助更长的时间来证明，而这正好符合长线投资的策略，或者说这个理念正好是推动长线投资的基础。很多人之所以不愿意采取长线投资的策略，就是因为担心时间拉得太长会有风险，却不知时间是证明企业价值的最好道具。没有时间轴的参与，整个企业价值是难以呈现出来的。

需要注意的是，从长期来看，股市扮演的"称重机"角色，仍旧会给投资者带来很多问题，比如：价值究竟应该如何进行判断，所谈及的持有时间并不明确，所谓的长期短期在实际操作中难以定量；还有一点，价格虽然会最终回归，但价格偏离价值多少才会回归呢？这些问题，其实没法完全克服，投资者只能做一个大概的判断。

## 着眼于大局,忽略一时的波动

2011年,段永平购入苹果的股票后非常兴奋,认为苹果公司是一家伟大的公司,未来的前途不可限量。谁知2012—2013年,苹果股价开始下跌,段永平手里的股票一下子下跌了55%;好不容易恢复之后,到了2015—2016年,股票又下跌了36%;之后的2018年,股价曾短暂下跌40%,2020年又出现了36%的下跌。巨大的波动让很多投资者快速抛售苹果的股票,段永平身边的很多朋友也纷纷坐不住了,他们曾经和段永平一起购入,现在却抛售了手里的股票,并劝说他将股票卖掉,可是段永平不为所动,并多次表示苹果股价下跌,自己会很高兴。这样一来,自己就可以选择继续买入苹果股票了。

段永平认为,一个投资者如果总是受股价一时波动的影响,那么他是很难在投资方面真正挣到钱的。任何一家企业的股价,都不可能一帆风顺、永远上涨,出现各种波动是难免的。一个优秀的价值投资者,应该关注的是企业长远的发展,只要一家公司足够优秀,那么从长期发展来看,一时的波动根本不会造成任何影响。

段永平曾经分享过一个故事:"有人问库克,分析师总是说'苹果没有像我们想象的那样卖出那么多产品'是否会让你感到困扰呢?库克对此的观点是，曾经是这样，但现在不会了，我们需要长期经营苹果。我总是觉得奇怪，人们非常关注我们90天内卖出了多少部手机，我们所做的决定是影响今后多年的决定，我们不想为那些想快速赚钱的人管理公司，我们需要长期经营这家公司。"

在面对一家如此优秀的公司时，投资者没有理由如此沉不住气。段永平自己就很少去看股价变化，很多时候买了就不再过分关注，更别说每天都要心惊胆战地看看股价是涨是跌。在投资的时候，他一再强调要忽视市场影响，忽略一时的波动，只要看懂商业模式和企业文化，想明白一家企业在未来10年后会变成什么样子就行了，没有必要对一时的股价波动耿耿于怀。

段永平多次告诫投资者：一定要以平常心看待波动，不要动不动就把波动当作企业发展的风向标和某种征兆。其实，从企业发展规律来看，肯定会出现高峰和低谷，肯定会有一定的变动，这些都是非常正常的情况，具体反映到股价上就更是如此了。股价的波动本身就是股票发展规律的体现，人们没有必要对此反应过度。

投资人路易斯·洛温斯坦早就对投资者做出过警告：不要把一家公司在商业上真正取得的成功和股市上取得的成功搞混。一家公司的股价上涨不代表发展状况一定很好；同样，股价下跌也不代表公司业务发展不好或者是公司的价值在下跌。单纯的股价波动本身，并不能代表公司的价值和发展趋势，投资者要做的是学会分辨股价波动背后的因素以及潜在的商业真相。事实上，当股价开始波动，然后很快引发大批的跟随者时，投资者往往要想办法克制自己的从众欲望，保持理性的投资思维。如果是自己选定的公司，投资者一定要注意保持平常心，不要被市场波动牵着鼻子走。

假设某人购入一家公司的股票，购买时的股价为10元，在股价上涨到12元的时候，他又追加了一笔投资，并期待着股价继续上涨。可是几个月之后，股价突然下跌了10%，他有些沮丧，出售了其中的一部分，并想着股价一定会涨回来。可是，股价下跌的趋势并没有得到缓解，很快下跌幅度就突破了25%。此时的他，再也按捺不住内心的恐慌，将手里的股票全部抛售出去。但实际上，这家刚上市没多久的公司，发展潜力很大，在下跌幅度达到50%之后，开始触底反弹，快速上涨，到了第二年年底的时候，股价已经上涨到每股47元的高价位了。而在接下来的10年时间里，股价顺利突破了330元。

又比如，某人以15元的价格购入1000股股票后，股票上涨了3元，于是他临时决定追加投资，多购入1000股，可是股价很快下跌了5元，他又迅速出手，抛掉了手里的股票。等到一个月之后，股价再次上涨4元，他重新购入股票。可是没过多久，股价又开始下降，他只能再次抛售。经过几番折腾，他根本没有从股市中挣到钱。

在现实生活中，很多人都用赌博的心态来对待股市投资，其中一个很重要的原因就在于对股价波动过于在意，每次股市一有什么风吹草动，立即就做出回应，这样就导致他们在投资时一直频繁卖出和买入。而对于价值投资者来说，真正的投资应该坚持长线作业，只要选择了一家好的公司，就不要在乎它一时的股价波动，而要立足长远。因为从长远来看，整个股票的发展趋势始终是不断上涨的，暂时的波动根本无足轻重，不会影响股票未来带来的高额回报。

所以，价值投资者必须把握三个基本的原则：第一，要理性看待股价波动，要知道它符合股票的正常发展规律，任何股票都会出现波动；第二，要选择优质的公司，寻求高价值的公司，暂时的波动对高价值的企业来说无关紧要；第三，要在选择优质公司的基础上，坚持长线投资，专注于企业的长期发展趋势。只要坚持住这三个原则，投资者就可以用全局思维来看待投资，不会因一时的股价波动而纠结了。

## 学会使用复利来增加财富

在价值投资中，复利是一个非常高效的工具，也是长线投资的一个重要内容。从某种意义上来说，人们选择长期持有某一只股票，本质就是为了借助复利来提升股票的回报。如果想要积累更多的财富，就要学会借助复利。那么，什么是复利呢？

复利其实就是俗称的利滚利，它是一种人们不断将这一周期的利息并入下一周期投资本金并产生新利息的模式。

假设某个项目需要投入1000万元，年回报率为10%，以10年为投资期限，那么在投资的时候，基本上存在两种模式。

第一种模式：每年都取出投资的净收益100万元，然后将1000万元的本金继续投资，以获取下一个周期的100万元利息，10年的净收益刚好是1000万元。

第二种模式：将每一年的净收益所得计入第二年的本金投入当中，简单来说，第一年的本金为1000万元，净收益为100万元；第二年的本金是1100万元，净收益为110万元；第三年的本金是$1100×(1+10\%)=1210$万元……以此类推，10年之后，整体的收益将达到：$1000×(1+10\%)^{10}=2593.74$万元。扣除1000万元的本金之后，净收益为1593.74万元。

通过对比我们发现，以10年为期，投资者使用第二种模式比第一种模式要多挣593.74万元，而这，就是复利的意义。在日常生活中，那些顶级富豪就是依靠复利来实现财富倍增的。复利的确是投资者最常使用的一种工具，一种加时间杠杆的工具，它本身和两个因素有关：可观的回报率和更长的时间。

回报率更高、时间更长，意味着增长幅度更大。同样以上面的例子进行计算，假设人们将回报率提升为20%，那么1000万元的本金在10年后，将会变成6191.736万元。如果将投资时间拉长为20年，那么用1000万元的本金投资一个年回报率为10%的项目，20年后的资本将会变成6727.4999万元。很明显，无论是拉长时间还是提高回报率，都会有放大的复利的杠杆功效。

很多顶级投资者在选定一个优质的企业和项目后，就会选择长期持有，从来不会取出本金，始终坚持用复利来推动财富的增长，从而在几十年时间里实现几百倍、几千倍的财富增长。查理·芒格说过："累积财富就像在斜坡上滚雪球，最好选择从长斜坡顶端的地方开始往下滚动，尽可能早地开始，并且想办法让雪球滚得更久一些。"

这里强调的滚雪球，首先要人们尽可能选择一个拥有长长的坡与厚厚的雪的企业。一个普通的企业，如果回报率很低，坡度也不是很长，那么复利的作用就会大打折扣。很多投资人喜欢投资苹果、谷歌、亚马逊、腾讯、字节跳动、可口可乐、好市多这些公司，就是因为这些公司无论从投资回报还是持有的时间来说，都具备很大的优势，在未来很长一段时间内都能增值。

在谈及复利时，段永平也谈到了要寻找那些拥有长长的坡与厚厚的雪的公司："虽然打雪仗也需要厚厚的雪，但大概没办法形成大大的雪球。

什么公司是在长长的坡上滚着厚厚的雪呢？我举几个我看着像的，博友们也可以举例子。

"苹果是吧？苹果是在一个长长的坡上，似乎雪也是厚厚的。像OPPO和vivo以及华为这类公司，似乎也都在长长的坡上，但雪没那么厚。不过，这些公司还是要感谢苹果的，因为苹果，所以长长的坡上有时候雪也不薄。当然，那些追求'性价比'的公司恐怕是既没有长长的坡也没有厚厚的雪的。

"茅台当然是吧？长长的坡，厚厚的雪，虽然偶尔会损失一点点雪。网易也应该算吧？游戏做成这个样子！有谁不玩游戏呢？大家玩不同游戏而已。腾讯应该也算吧！有疑问吗？谷歌应该也算吧！绝对是长长的坡、厚厚的雪。亚马逊？当然是长长的坡，但上面的雪不太厚啊，不然人家怎么能坚持亏20年？京东不会比亚马逊好的。

"阿胶、片仔癀之类有点像？阿里应该也算吧，虽然我很钦佩马云，也觉得它们怎么看都有些在长长的坡上，但有些业务已经超出我这种早已退出江湖的人的理解范围了。

"Facebook？微博？YY？陌陌？我看这些公司时偶尔会觉得自己已经不再年轻了（就是因为自己不用，所以看不懂的意思）。短短的坡，雪也是少少的例子其实也很多的，那时啥反应都是没用的哈。有意思的是，对这种公司有兴趣的人也不少，因为大家觉得坡比较陡吗？滚起来快？没雪的时候滚的是啥呢？"

段永平一直都在强调寻找优质的企业，然后长线持有股票。在他看来，复利是实现财富增值的一个有效方法，不过在现实的操作中，往往存在一些问题，比如关于投资年限的设定与评估，往往与企业整体的发展态势有关。很多优质的企业，已经过了高速增长期，无法再提供更大的回报，业绩可能还会下滑，因此投资者必须想办法做出判断，避免在投资时错失良机，导致复利的价值大打折扣。

正因为如此，很多人提倡使用著名的72法则作为投资的指引，通过这一法则来找到财富翻倍的点，以此来判断一家公司是否值得投资，是否值得长期持有。72法则是一个计算理财（或者投资）收益与时间关系的公式，用于计算本金和利息翻倍所需要的年限。首先，人们需要了解该项目的年投资回报率是$x\%$；然后，用72除以$x$，结果基本上等同于投资资本翻倍的年限。假设某个项目投资500万元，年收益率为12%，那么想要实现1000万的财富积累，就需要6年。

对于投资者来说，如果掌握了财富翻倍的密码，就可以更合理地推动复利发挥其增值功效。

## 选择那些具有可持续发展空间的企业

投资大师格雷厄姆说过，投资者应该尽可能选择那些廉价的股票。在格雷厄姆看来，廉价的股票成本比较低，因此增值的空间相对而言会比较大。依这种思维，价值和价格之间存在一种比较简单的关系。不过格雷厄姆的理论有一个很大的漏洞，事实上，低价格的股票未必就会增长，大多数低价格的股票没有多少上涨空间，因此这类股票没什么价值，无法支撑未来的成长期待，根本不值得投资。于是，很多格雷厄姆的门徒开始思考从企业价值和股票价值入手，积极改进格雷厄姆的理论。他们虽然也关注股票的价格，但是更加关注企业的内在价值。他们认为只有那些高价值、高成长的股票才值得投资，只有那些拥有良好发展趋势、基本面都表现出众的企业才值得关注。从单纯的价格考量发展到对价值的重视，这是一个重大的进步。如果说格雷厄姆的低价策略是一种二维思维，那么，有价值考量的投资就属于三维思维。

三维思维在投资中非常重要，可以说构成了价值投资的精髓。有价值考量的投资者开始寻求优质企业和优质项目，这是提高投资成功率的关键，再结合价格上的考量，定然会使得整个投资体系更加合理、更加高效。不过，三维思维也不够完善，因为企业的发展不可能一直维持一个高增长的态势，任何企业的价值都会出现波动，也都有一个增长期和衰弱期。即便人们选择了优质项目和优质企业，可要是企业的发展已经没有太多的增长期，那么这个项目也不值得投资。因此，投资者还必须纳入时间的因素，确保自己的投资能够持续获利。基本于这一点，投资者又提出了一个新的理论：只有那些具有长期发展和竞争优势的项目才值得投资。严格来说，这属于一种四维投资模式和投资思维。

巴菲特在认识芒格以前，就是一个价值投资者，虽然在导师格雷厄姆的影响下，他一开始选择的是低价投资策略，但在不断的实践中，他发现了挖掘企业价值的魅力和作用，于是开始了自我进化。但他的投资理论直到认识查理·芒格才正式得到完善，他从这位合作伙伴那里掌握了时间的密码，开始注重对那些具备长期发展优势和长期成长空间的企业进行投资，并因此积累了巨额的资产。这个理论的延伸就是长线投资，因为一个具备长期发展优势的企业，值得长线持有，不断依靠复利实现财富的增长。

比如，巴菲特曾经非常看好Geico公司，因为这家公司的股价很低，而客户群非常好，财务报表非常出色，利润率几乎是业内平均水平的5倍，于是巴菲特毫不犹豫地拿出全部资金的65%，购买了不少Geico公司的股票。果不其然，仅仅一年时间，巴菲特就获得了超过50%的回报。但是，巴菲特只持有一年时间就很快出售，错失了更多的盈利机会。要知道在之后的18年时间里，这家公司的股票还在不断上涨，如果巴菲特持有该公司股票19年的时间，那么其投资将会获得130倍的收益，也即只要他当初投资100万美元，那么到了19年后，这些股票的价值就能达到1.3亿美元。

段永平在研究巴菲特的投资理念时，对此推崇备至。比如，在整个20

世纪八九十年代，科技公司如雨后春笋，出现了一大批伟大的公司，但巴菲特一直没有投资科技股，因为他并不认为有哪一家企业会具备长期的竞争优势。虽然事实证明他犯了一些错误，像谷歌公司、苹果公司、亚马逊公司都成了各自领域的领头羊，但巴菲特的理念并没有任何问题。

段永平在投资时也不喜欢那些缺乏长期竞争优势的企业。他在谈到投资时，始终强调对企业价值要有判断，而这种判断是基于对公司未来十年或者更长时间的发展趋势而作出的。很多人都在问他，究竟应该如何去判断一家公司贵或者便宜，段永平回答说："贵或便宜，都是从未来十年或更远的角度看。比如，如果你觉得一家公司未来肯定会完蛋，那么什么价格都是贵的。几年前，某公司的第二大股东聊到该不该卖某公司，什么价钱卖的问题。我说，这个看着早晚为零的公司，什么价卖都是好价钱吧，尽量避开那些看起来十年后日子不会好过的公司很重要，偶尔错失一些机会不会伤害到你。如果你觉得看十年比看三年难，那一定会觉得看三年会比看三天难，所以看三天更容易？结果显然是不好的吧。贵不贵是相对你自己的机会成本而言的。比如我有闲钱，我会更倾向于买苹果，而不是亚马逊。至于亚马逊会不会涨更快，我并不知道，所以我也不关心。"

比如一家公司在3年内，每年都实现了收益翻倍，但公司的发展黄金阶段只有3年，不具备持续增长的潜力，也许3年后就开始变得平庸，甚至可能会出现亏损。而另一家公司，虽然每年只有20%的增长，但是具有可持续发展的空间，在未来20年时间内，都能实现稳定增长。

假设投资者有100万元，该如何进行投资呢？投资第一家公司的话，第一年可以挣到200万元，到了第二年则变成400万元，到了第三年变成了800万元，净收益为700万元。而投资第二家公司，则可以在20年的时间内挣到大约3833.76万元，净收益为3733.76万元。很明显，那些具备可持续发展的企业往往具有时间优势，能够创造更大的复利。

对于投资者来说，持续、稳定的盈利，比那些短期内的暴利更加诱人，而且风险更加可控，尤其对普通投资者来说，寻求可持续增长的企业是更加重要的。而想要寻找那些具备可持续发展空间的企业，可以看看企业的企业文化、商业模式、基本面，可以看看企业在行业中的地位，看看它是否具有长期垄断的能力和优势。选定理想的标的公司之后，就要坚定地执行长线投资的战略规划，将自己的收益留给时间。

## 投资者需要足够的耐心，坚持等待

有人曾经问段永平，投资时，觉得什么时候比较困难，段永平回答说："满仓的时候我知道该怎么办，但是我不知道空仓的时候该怎么办。我后来研究巴菲特，发现巴菲特也说过，最难的时候，是手上有很多钱，但是没有可投的项目。实际上巴菲特长期都处于这样的状态，没有发现可投的项目，就等待。这是做投资最困难的时候。"

尽管如此，段永平仍旧表示一定要保持冷静，不要因为急于寻找新的投资项目而冲动行事。一个人在很着急的时候，不适合做决策。在他看来，价值投资者应该坚持一个基本原则："没有合适的东西就不买了，有合适的再买，就和一般人逛商场一样。我想，每个人逛商场时，一定不会将花光身上所有的钱作为目标吧。我的建议就是慢慢来，慢就是快。"

投资者要遇到合适的项目再出手，不仅如此，还要保持慢慢变富的耐心，不要总是想着一次性就实现财富自由，或者一次就积累起别人投资十次挣到的钱。据说Airbnb（爱彼迎）的CEO布莱恩·切斯基和亚马逊的CEO贝索斯在一起聊天时，谈到了巴菲特，布莱恩·切斯基问贝索斯："你觉得巴菲特给过你的最好建议是什么？"

贝索斯没有直接做出回答，而是讲了一个故事："有一次我问巴菲特，你的投资理念非常简单，为什么大家不直接复制你的做法呢？结果巴菲特说：'因为没有人愿意慢慢地变富。'"事实上，贝索斯是一个很有耐心且具有战略眼光的人，他在选择和投资一个项目的时候，往往会将潜在的投资回报设定在7年以后。他并不在乎自己是否能够在短期内获得理想的收益，而是更加看重相关项目未来的发展潜力。一个好的项目应该有更长远的发展模式，如果连7年时间也坚持不住，那么就不值得投资。还有一点非常重要，多数人等待不了太长的时间，一旦投资者将投资期限拉开到7年时间，往往也就意味着大多数竞争对手已经提前放弃了这个项目。

段永平认为，现在的人总是想着快速致富，很多投资者无论是投资企业，还是投资某个项目，都会想着一次就成功，一次就发家致富，而正是这种盲目求快的思维导致他们常常亏得血本无归。一个优秀的投资人，应该懂得培养自己的耐心，善于等待，在没有好的项目时，一定要沉下心来慢慢挖掘机会，不能随意就找一个项目。

事实上，有很多投资者可能一年就会挑选好几个项目进行投资，这种做法，纯粹是为了投资而投资。而那些优秀的投资者，可能连续好几年也不会出手，因为他们始终会等待一个最好的项目和机会，在没有找到让自己心动的好项目和好企业时，绝对不会浪费时间和资金去投资。他们会花大量的时间和精力用于优质项目、优质企业的搜索，会严格按照自己制定的估值标准进行选择。

在投资方面，段永平一直都坚持择优原则，耐心搜索和等待那些优质的标的公司，绝不贸然出手。很多时候，他会连续几年时间观察一只股票，花费几年时间重点搜集一家公司的信息，甚至亲自前往这家公司考察。由此可见，他对于投资标的的选择非常谨慎，也非常有耐心。多年来他只选择了几个投资项目，而同一时期内，他投的项目比很多世界顶级投资者都要少。段永平一直记得巴菲特告诉他的话：人的一生中只有20次值得出手的机会，所以要耐心等待，把握住最佳的投资机会。

在投资的过程中，对于任何一个人来说，经验的积累都非常重要，因此，不要总是想着很快就积累起巨额的财富，而要懂得投身实践，慢慢积累经验，慢慢掌握投资的精髓，慢慢掌握适合自己的投资方法。虽说有的人积累经验的速度更快一些，但无论如何，想要形成一个完善的投资理念，想要形成更完整的投资方法体系，的确需要一个成长的过程，需要适当多做尝试，通过试错来积累经验。

段永平说过："我投资和做很多事情的一个基本的哲学，就是'欲速则不达'，太快了就等于慢。这是我做企业也好，做投资也好的一个基本逻辑，就是做事情要耐心，要坚持，不要去老想着走捷径，否则往往走的都是远路。我也希望大家能够看到我这个'欲速则不达'的概念，真的将它用到工作、投资甚至生活当中，我会觉得很高兴。"在他看来，慢慢变富本身就是一个最快实现财富积累的方法，因为投资本身就是一个需要付出耐心、慢慢积累的游戏，如果盲目求快，也就失去了投资的基本乐趣，同时也违背了投资的基本规律。

一般来说，普通投资者在投资的时候，需要坚守几个原则。

第一，持守长线投资的策略，利用复利慢慢积累财富，不要总是想着一夜暴富，更不要总是想着通过投机来快速积累资金。

第二，当自己面前出现很多投资机会时，不要轻易做出选择，坚持多观察，直到发现一家优质的公司为止。

第三，看懂一家公司是很难的，需要花费更长时间进行持续的跟踪和观察，有必要的话可以进行实地考察，尽可能了解更多的信息。

第四，任何一个投资者都是从亏损中积累经验的，不要想着一开始就可以挣大钱，要懂得多次试错，给自己更长的成长时间。

总的来说，投资者一定要保持耐心，要理性看待投资的结果，更多地关注投资过程，享受投资过程。

## 避开那些产品很难长期做到差异化的企业

价值投资大师查理·芒格曾经谈到一个很奇怪的社会现象：在竞争激烈的麦片市场，大家平时都会做一些促销活动，但几乎所有的品牌都可以生存得很好；而其他一些竞争激烈的行业，大家相互竞争，最后只剩下了几个寡头，可是最终谁都不赚钱。芒格将麦片行业的发展情况归因于品牌，有些网友对此表示不理解，毕竟同样是激烈竞争，为什么会出现两种截然相反的情况呢？

段永平的回答是："我觉得决定因素是差异化。比如航空公司，由于产品几乎没办法差异化，最后只能靠价钱。你可以查查从北京到广州的各航空公司的票价，我猜一定几乎是一样的。而麦片毕竟是吃的东西，不同牌子的东西口味不一样，买的人不会因为5%的折扣就换口味。

"iPhone也是类似的情况，习惯用iPhone的人是不大可能因为别的手机便宜一点而换的。以前人们常换手机的原因是各手机之间的差异化非常小，所以新的功能和外观会吸引人们去换。iPhone有可能会是实际上最便宜的手机，你只要看看你抽屉里那些已经不用了的手机就明白了。

"其实，网络游戏也是有相当差异化的产品，虽然不玩的人觉得它们都差不多，但对游戏的中坚玩家而言，社区和感觉的差异实际上是巨大的，不那么容易换。能够持续有用户喜欢的差异化产品的公司往往就有了很好的生意模式。"

差异化是段永平评判一家企业是否优秀的重要指标，也是他投资一家企业要参考的重要指标。"竞争战略之父"迈克尔·波特认为竞争优势有两种基本形式：低成本优势和差异化优势。相比于低成本，差异化往往更能体现出明显的竞争优势，因为一个企业做到了差异化就意味着它可以避开竞争对手的锋芒，直接在一个自己擅长的领域引起竞争，从而赢得更多的主动权，并因为自己的与众不同而赢得市场的关注。

所谓差异化，简单来说，就是指做别人不想去做、不敢去做、没有机会去做、没有想到的事情。差异化的企业拥有能够满足市场需求的东西，而别人无法满足该需求，竞争对手很难对它们形成威胁。段永平说过："能长期维持的差异化是护城河，差异化指的是产品能满足用户的需求，而别人满足不了。没有差异化的商业模式，基本不是好的商业模式，投资应尽量避开产品很难长期做出差异化的公司，比如航空、太阳能组件公司。"

在段永平看来，做出差异化的企业非常值得投资，前提是这些企业必须长期保持差异化的优势。因为一家企业如果能够保持长期的差异化，那么就证明了它在很长一段时间内都具备竞争优势，都具备较强的盈利能力，而这对长期投资者来说，无疑可以长期获取不错的收益。从某种意义上来说，长期维持差异化本身就是一个护城河，而拥有护城河的公司是绝佳的投资选项，这类公司的股票具有长期持有和投资的价值。在长线投资中，人们需要重点去关注企业时间线上的发展情况，而长期的差异化优势则是推动长线投资的重要保障。

反过来说，那些不具备长期维持差异化的企业则无法构建一条护城河。有人曾经询问段永平对硅片企业的看法，段永平回答说："我对硅片产业没有新观点，我觉得它依然是一个很难有差异化产品的行业。如果你真能找到一个公司，其产品市场需求旺盛别人却无法做出来（其实就是单位发电量远高过别人的意思），那也许会是个好投资。我目前想不出什么公司有可能做到这样，所以我是不花任何时间看这个行业的。"

段永平一直后悔自己没有早点购买苹果公司的股票，就是因为他早就发现了苹果公司是一家追求长久差异化的科技公司，可是却错过了它。事实上，最近二十年投资苹果公司的人都获得了不错的回报，很大一部分原因就是苹果在几十年的发展过程中一直坚持走差异化道路，它甚至拥有自己的系统，且全世界也只有它一家公司是依据这个系统运作的。可以说，苹果构建了一条宽广且深的护城河，其他竞争对手想要击垮苹果非常困难，它们根本没有实力和耐心去构建一个与之匹敌的生态系统。

段永平说过："当一个产品找到的差异化正好是很多很多用户需要的东西时，那这个产品大概就很成功了。差异化的东西是在不断地变化的，大家（很多公司）都有了的差异化就会变成基本需求。有时候好的产品的差异化的东西不一定需要很多，有时候哪怕有一个也会让公司（或产品）很成功。"

多年来，段永平一直都在坚持投资那些具有差异化优势的企业，他认为人们在评估企业的股票价值时，差异化必须作为一个重要的指标。虽然差异化不一定会带来盈利，具有差异化优势的股票也不一定就是优质股票，但长期差异化能带来更大的盈利空间。反过来说，如果一家企业一直都在做和其他企业相同的事情，那么它的产品对比其他产品就没有任何优势和特点。或者说短期内具有一定的差异化优势，但从长远来看，缺乏区别于其他公司产品的优势，那么这家公司的发展前景并不值得被看好，投资者要尽量避免投资。

那么，应该如何去避免投资那些无法长期做到差异化的企业呢？

——是否拥有别人没有的资源。

差异化竞争首先体现为资源的稀缺性和独有性，当企业成为某种重要资源的唯一掌控者时，就可以形成资源垄断，包括技术、材料、渠道、客户等。这种资源占有的优势如果长时间存在，往往会带来更多的生存机会和发展机会，企业或许有机会在行业中扮演重要的角色，甚至成为主导者。而投资这样的企业，无疑会带来更大的盈利。反过来说，如果一家企业在资源上没有任何特点，那么它很有可能会陷入被动，而投资者不值得为之冒险。

——商业模式是否独一无二。

商业模式是企业发展的基本保障，是决定企业是否可以长久发展的关键。与单纯地依赖技术领先和规模领先不同的是，好的商业模式能够支撑起企业未来的发展。无论是麦当劳（依靠低价租赁、收购土地，来发展商业圈，提高地价挣钱），还是京东（依靠强大的物流和仓储系统发展电子商务），都是依靠独特的商业模式来赢得快速发展的机会的，它们的商业模式在某种程度上不可复制，这就使得它们的竞争对手很难形成持久的威胁。如果企业不具备独特的商业模式，甚至有意模仿他人的商业模式，那么就无法获得持续的竞争能力和抗压能力。

对于投资者来说，即便一家公司发展规模、发展势头都很好，但商业模式毫无特点，那么就要特别注意：这家公司未来的发展前景或许并不那么理想。

——是否会提供不一样的服务体验。

企业的差异化竞争通常需要市场来检验，只有赢得了顾客的认同，只有获得了更大的市场，才能证明这种差异化模式的成功。因此，投资者需要重点关注标的公司是否给客户或顾客带去了非同一般的服务体验，它们的产品、服务是否真的让客户产生了更强的舒适感和更高的忠诚度。如果客户对一家公司所谓的特别服务没有任何感觉，甚至产生了厌恶感和排斥感，那么就证明了这家企业的差异化并不足以建立优势，投资者应该擦亮眼睛，避免做出误判。

总的来说，投资者在购买一家公司的股票时，要注意观察这家企业是否做到了长期有效的差异化，如果没有，那么投资者最好还是继续等待和搜索新的目标，因为这样的企业不符合长线投资的策略。

## 拒绝长期投资中的教条主义

著名投资者赛思·卡拉曼写了一本《安全边际》的书，在书中，他这样说道："不断拿潜在的新的投资品和当前已经持有的股票来比较，确保抓住的机会永远是当前低估程度最深的。当新的投资机会出现的时候，投资者绝不应该畏首畏尾，而是要重新检查当前的持仓，哪怕因为卖出当前持仓而造成实际亏损。换言之，有了更好的就不该把任何投资品看成神圣不可卖的。"

很多价值投资者的思维非常僵化，认为长期投资就是永久持有股票，不要将股票卖掉，而这样的想法明显不符合投资的基本定义。因为投资的目的是获得盈利，除非企业有盈利空间，其价值在增长，股价在提升，否则就不值得继续持有。了解企业发展的人都知道一个基本的道理：这个世界上并没有任何一家企业可以真正做到基业长青，能够一直不倒闭。任何公司都会经历一个发展、衰退，直至倒闭的过程。现在所熟知的苹果、亚马逊、腾讯、字节跳动，在未来的某一天一样会在市场当中消失，这是不可避免的。因此，所谓的长期持有优质公司的股票，实际上并不意味着永久持有，并不意味着永不出售。

对于价值投资者来说，持有股票的时间，和企业的价值以及发展有关联,如果持股的基础不存在了,支撑继续持股的条件不具备了,就要想办法及时脱手。因此,价值投资中的长期持有要破除教条主义,切忌教条地看待长期投资。

很多人都说,好的企业是不需要考虑卖掉的。段永平也认为,人们不要总是考虑卖掉那些优质股。但实际上,段永平也承认这个世界上没有任何股票是不可以出售的,也没有任何一个投资者真正做到了永久持有那些优质股,即便是巴菲特,也卖掉了很多优质股。

著名的投资人菲利普·卡特雷在管理先锋基金55年的时间里,给股东带来了13%的年复合收益率。事实上,他基本上都在选择一些不热门但公司盈利一直在不断增加的股票。可即便如此,他依然告诫投资者:"如果一家公司的盈利已连续增长15年,那么下一个年度的情况可能会比较糟糕。"他并不迷信那些一直上涨的股票,因为永远涨不符合股市的发展规律,所以,他不会一直持有某一只股票,而是会选择合适的时机出售它们。在他看来,当企业的情况变得糟糕时,就不值得继续持有股票了。

约翰·坦普顿持股的时间,一般控制在5年左右(很多时候,算不上真正意义上的长线投资),尤其是当他看到另一只股票的投资价值比当前持有的股票高出50%时,他就会毫不犹豫地将其卖掉。对他而言,机会成本是一个必须考量的要素,长期投资虽然是一种策略,但并不意味着就要放弃其他更好的选项,当机会出现的时候,及时脱手也是一种很有效的投资策略。

关于这个问题,卡拉曼说过:"投资者不仅应该注意当前的持股是否被低估,还要注意为什么被低估。直到为什么做出一项投资,以及持有股票的理由不复存在的时候,应该将其卖出,这是至关重要的,并且应该寻找带催化因素的投资品,因为催化因素在变现潜在价值的时候可以起到直接的帮助作用，最后多样化你的持仓，以有利可图为度。"

段永平承袭了这些伟大的价值投资者的理念，他也认为，绝对的永久持有某家公司的股票，这种事是很难出现的，除了某些创始人会一生持有自家公司的股票外，多数人都做不到这一点，因为大多数公司在几十年内就会出现衰退。段永平认为，投资者应该有务实的态度，无论是为了挣钱，还是单纯地为了享受投资的乐趣，永久持有都不是合理的选择。而在谈论什么时候离场时，他说道："我也不知道啥时候卖好，当我买一只股票时，一定会有个买的理由，同时也要看到负面的东西，当买的理由消失了，或者重要的负面消息增加到我不能接受的时候，我就会离场。当然，太贵了有时也会成为离场的理由，如果真是特别好的公司，稍微贵一点未必要卖，不然往往买不回来，机会成本大。"

此外，段永平谈到了股票的时间价值和折现问题，考虑到现金流折现，如果股价的未来折现不合理，那么考虑到时间因素，自己也可能会在合理价位上出售股票。他还举了一个例子，假设苹果公司未来的股价会达到1000美元，但需要3年以后，那么现在有人出价80美元，他可能就会卖掉苹果的股票。无论是机会成本、折现，还是其他因素，本质上其实还是价值问题，和成本没有关系。买卖都不要和成本联系在一起。

相比于那些专业的价值投资者，普通人在投资股票时，可能耐心并没有那么大，对于优质企业的坚守缺乏那么大的决心，因此很少有真正能够长久坚持下去的人。但无论是不是因为缺乏继续持有的耐心和信心，投资者都要在保证自己长期持有的思维习惯时，拒绝教条、僵化地死守长期操作的策略。当企业经营管理出现问题，当企业发展速度下降，当企业的股价开始下跌，内在价值开始下滑时，就要考虑机会成本的问题，果断地抛售，取出资金去投资有更高价值以及更高回报的企业。

还有一点很重要，很多投资者会觉得长线投资就一定是价值投资，但段永平说过，价值投资一定是长线投资，价值投资中的长线持有是建立在买对股票的前提下的；而长线投资并不一定是价值投资，因为一些不注重分析企业价值的人也可能会长线持有某只股票，而这种投资很容易出现较大的亏损。

第五章

集中投资，确保收益最大化

## 人的一生只需要把握几次投资机会即可

巴菲特的私人飞行员Mike Flint对巴菲特推崇备至,他渴望像巴菲特一样拥有一个非常成功的人生,能够积累亿万身家,所以有一次,他鼓起勇气向巴菲特请教,具体应该如何进行有效的投资。巴菲特没有直接告诉Mike Flint具体的操作方法,而是让他在纸上写出一生中自认为最重要的25个目标。

Mike Flint思考了很长一段时间,几天之后,他将自己一生中想要实现的目标全部列举出来,然后按照巴菲特的要求缩减到25个。当Mike Flint拿着自己的目标清单交给巴菲特时,巴菲特连看也没有看一眼,而是直接告诉对方,从现在开始争取将这25个目标压缩成最重要的5个目标。

这是一件非常困难的事情,因为人这一生有太多的事情想要完成,有太多的目标想要实现,25个似乎已经很少了,要缩减到5个,的确非常困难。Mike Flint不知道耗费了多少时间和精力,才勉强写出5个最重要的人生目标。

再次见到巴菲特后,巴菲特让他将之前的25个目标与精心挑选后的5个目标一同拿出来分析,说道:"你现在知道自己应该怎么做了吧?!"

Mike Flint点点头:"我知道了,从现在开始,我就重点实现这5个目标，另外的20个目标，并不那么紧急，我会在闲暇时间去做这些事，然后想办法慢慢实现。"

巴菲特听了连连摇头，"不，Flint，我想你搞错了。那些你没有重点挑出来的20个目标，不是你应该在闲暇时间慢慢完成的事情，而是你应该尽量避免去做的事情，你应该躲避它们，就像躲避瘟疫一样，最好不要为它们花费任何时间和注意力。"

这时，Mike Flint恍然大悟，原来真正的有效投资不是看自己投资了多少企业和项目，而是要选择最值得投资的几个企业或者几只股票。人的一生只需要把握住少数几次投资机会就足够了，根本没有必要在投资数量上多做文章。

在那些顶级投资者看来，人的一生只需要把握少数几次机会几乎就可以了，也许不到20次，也许只需要2~3次，运气足够好的话，一次就够了。段永平也曾表达过类似的观点："不知道是芒格还是巴菲特说过，如果一个人的投资生涯中只出手20次（大致比喻），他的成绩单会比更多次出手要好得多。我看完这句话后反省自己的结果确实如此。我想大概一年能有一次机会就很好了。"

不过，普通投资者更容易被各种所谓的好机会给吸引，在面对一家看起来还不错的公司时，他们往往会表现得跃跃欲试。他们缺乏等待的耐心，缺乏进行详细评估的耐心。在他们看来，任何一个看起来还不错的机会都值得把握。此外，他们喜欢通过分散投资来打造一个更加安全、稳定的投资体系，比如著名学者哈里·马科维茨就一直提倡投资多元化。在他看来，多元化是分散风险的关键方法，毕竟当持仓股票走势不相关或者相反时，涨跌的风险完全可以实现有效的对冲。简单来说，投资项目越多，投资类型越是不一样，风险对冲的效果越明显。

很多投资者甚至经济学家也提出了类似的观点，主张通过多元化投资来分散和消除非系统性风险。可是在段永平等人看来，分散投资并不能真正实现有效降低风险，更谈不上提高收益。很显然，每一个人的时间、精力、资金、专业技能、社会资源都是极其有限的，这就决定了人们必须尽可能集中资源进行投资，将所有资源集中利用在更能带来高回报的投资项目上。因此，人们必须好好珍惜自己手里的资源，用以把握自己遇到的每一次绝佳的投资机会。

一个非常现实的问题是，这个世界上所谓的好投资机会其实非常少。为什么很多顶级投资者几年时间才找到一个投资？因为好的企业并不多见啊，这是其一。其二，而好的企业是否还具备足够的投资空间，这又是另外一个问题。其三，有很多好企业，未必是投资者理解得了的，这样的好机会，其实也不能随意去尝试。所以，投资者所认为的好机会，在很多时候存在很大的投资风险。

那么，投资者应该如何去合理保证自己的投资次数不会泛滥呢？

第一，一定要制定非常严格的投资标准和选股标准，比如所看中的企业是否具备高价值、高收益，企业的基本面好不好，是否拥有良好的商业模式和企业文化，有没有建立又宽又深的护城河，是不是自己理解得了的好企业。只有严格按照这些标准去选股，才能够有效过滤更多不合理的投资项目。

第二，最好选择不同类型且关联性弱的企业。这样做，是为了减少投资风险。很多投资者可能一次性投资好几家强关联的互联网公司，或者一次性投资同一行业内上下游的好几家公司，这样做，无疑会增加投资风险。一些发展模式、产业类型高度相似的企业，也要想办法进行删减，以此保证自己的投资不会存在太大的问题。

第三，要结合自身的经济状况进行投资，不能因为企业非常好，就贷款投资，或者借钱投资。一个出色的投资者，必须将投资项目与自身实力合理地结合起来，避免采取一些不合理的投资策略。如果经济条件不允许，那么选股时一定要慎之又慎，尽可能在最有价值且最有把握的少数项目上进行投资。

第四，投资者要严格控制好数量，每一次持有的股票最好不要超过5只，因为股票持有的数量越多，自己管理和投资的精力越分散，投资也就越容易出错。有必要的话，可以在选股之后再次进行过滤，确保资金能够投放到最具价值的企业上。一般情况下，采用这种严格管控的方式，可以显著减少投资项目的数量，降低投资风险。

总的来说，投资者需要控制自己的投资欲望，抬高投资的门槛，确保投资的针对性更强，从而使投资的回报更高。

## 集中投资不是购买一只股票

价值投资者通常都喜欢把鸡蛋放进一个篮子里,在他们看来,分散投资可能会导致收益的降低。但很多人可能会对集中投资产生误解,认为集中投资就是购买某一只股票或者长期持有某一只股票,投资者需要将自己用于投资的钱全部放在这一只股票上。这种绝对单一的持股模式,属于典型的集中投资,但集中投资并不意味着只要购买或者持有一只股票。

对于价值投资者来说,集中投资并没有一个明确的选股数量标准,具体需要按照优质公司的数量以及自身的经济实力来安排。严格来说,真正意义上只持有一只股票的集中投资者非常少见。过去几十年来,诞生了一大批优秀的价值投资者,但很少有人只持有一只股票,多数人都持有一定数量不同企业的股票,有可能是3只,有可能是5只,也有可能是十几只。比如一些大型的投资机构,就可能会一次性持股十几只甚至几十只股票。

这里其实涉及一个基本的概念,那就是集中投资领域的多样化。简单来说,就是指投资时,一次性购买或者持有多只优质股。就像一个人可以同时投资苹果公司和亚马逊公司一样,也可以同时购买腾讯公司和可口可乐的股票，只要这些公司足够优秀，拥有可持续发展的空间和不错的利润回报，就可以适当保持多元化投资。这里强调的多元化，实际上有一个基本的前提，那就是所有投资的股票都是优质股，都属于高回报股票的一类。所有的股票，都不是胡乱选择的，不是为了多元化而多元化。整个多元化体系的基础，还是企业的内在价值。

西方有很多投资人，可能会一次性持有20只股票，而这些股票可能都具备一个共同点，那就是能够在一年时间里战胜道琼斯指数（比如15%）。这个时候，投资人会毫不犹豫地将资金分成20份进行投资。反过来说，如果只有一只股票达到了标准，他们会选择持有一只股票。

假设A公司在未来10年的投资回报率为27%；B公司在过去10年时间里创造了35%的收益率，未来7年可能也有30%以上的年均收益率；C公司是一家新成立的公司，虽然前两年一直处于亏损之中，但是在未来10年甚至15年时间里，可能都具有40%以上的收益率。对于投资者来说，是不是应该直接选择投资C公司呢？事实并非如此，在面对这三个优质股时，投资者没有理由放弃其中任何一只股票，而要想办法进行多元化投资。

段永平是坚定的集中投资者，但即便如此，他一生中投资的公司也有很多，每一次持有的股票也有好几只，并不是真正意义上的单一持股者。在没有好的选择时，他可能只持有一只股票，但是当新的标的出现时，他就会迅速出击，集中资金购入新的优质股。其实，适当的多元化是不违背集中投资的原则的，在价值投资理念中，集中投资的真正含义并不是绝对意义上集中在单一股票上，而是要求投资者将资金集中在那些能够带来高回报的优质股上，这些优质股可能是2只，可能是3只，也可能是10只。当然，一般情况下，人们不具备发现太多优质股的能力，也没有能力去一次性持有太多优质股，可能多数价值投资者不会一次性持有超过5只的股票。即便是那些实力雄厚的投资者和投资机构，也认为理想的投资应该不超过10只股票，毕竟优质企业真的非常少，而自己能够理解的公司也并不是那么多。

对于普通投资者来说，也许一辈子只要把握住一只优质股就足够了，但如果有其他好的投资机会出现，也不要轻易放弃。只要企业有价值，而且潜在的回报很理想，就没有必要死守一只股票，可以选择在其他股票上进行扩张，丰富自己的投资项目。只要是好的投资机会，就没有任何理由放弃，多几只股票并不意味着违反了集中投资的原则。此外，投资还离不开资本，一个投资者想要拓展投资范围，想要增加投资项目，一定要以充足的资金为基础。换句话说，想要多增加一些项目，需要综合自己的经济实力来考量，必要的时候可以卖出那些相对不挣钱的股票，选择更高回报的企业。

假设某人手头只有100万元，而另外一只股票（年回报率大约为25%）中还有差不多230万元，当他发现一个新的投资项目，并认为这个企业将会给自己带来每年至少30%的收益时，就应想方设法将100万元全部投入这个企业当中。不仅如此，随着企业的发展越来越好，他有必要从那只年回报率大约为25%的企业中取出150万元，购买年回报率高达30%的股票。

对于投资者来说，投资机会是可遇不可求的，尤其是那些优质企业，有些人可能一辈子也无法把握住一个因此，当新的机会出现时，投资者应想办法把握住机会，不必执着于是持有一只还是多只股票。当然，凡事还需量力而行，大可不必为了购买股票而借贷。为了把握住优质的企业，就贸然动用金融杠杆，试图保证利益最大化，是不可取的。

总之，集中投资更多的是一种策略，强调的是将大部分资金投放在那些更容易把握且能带来高额回报的企业上，而并不是单纯地在投资项目的数量上进行控制。在自身条件允许的前提下，人们还是应该义无反顾地把握那些好的投资机会。

## 集中投资数只股票时，要打造合理的组合

段永平在谈到集中投资时，曾经这样说道："巴菲特都只能做十几只，像我这种水平，我们做两三只就不容易了，干吗要做十几、二十几只？我也曾经有过十几、二十几只这种过程，但我发现根本就没法做，因为你没办法了解，要了解一家公司其实非常难！"

段永平认为集中投资需要适当保持多元化，形成相对分散的局面，但多元化的数量和相对分散的规模是有限的，超过一定数量的话，人们就无法形成高效的组合。因为了解一家公司就很困难，了解多家公司的难度更是可想而知，稍有不慎，极可能面临很大的风险。聪明的投资者在集中投资的时候，最好是打造一个合理的组合，因为不同的股票，回报率往往不同，风险不一样，对个人财富的影响也不一样。对于投资者来说，如何确保自己的投资更加合理，如何让自己有限的资金发挥出更大的优势，产生更大的回报，是一个非常重要的工作。而想要确保投资的合理性，就要对相关项目进行合理分配，打造一个高效的投资组合。

对于投资者来说，不同类型的股票存在不同的盈利和风险。比如有的投资者购入了一家航空公司的股票，通常情况下，这类股票具有不错的增值和上涨空间，但若是发生严重的航空事故，它可能会立即宣布破产。因

此，对于投资者来说，在寻求高回报的同时应该尽量避免承受高风险，以及由此带来的亏损，最好是选择投资其他一些和航空公司弱关联的项目，确保自己的资金不会全部押在航空公司上。这样做，主要是兼顾盈利和风险的平衡，确保自己不会将资金完全集中在高风险项目上。实现盈利和风险的平衡，有助于提升股票投资的盈利水平，同时也提高抵御风险的能力。

又比如，很多投资者喜欢在投资轻资产企业时，适当加上一些重资产企业。他们这样做，就是为了实现风险和盈利的平衡。比如轻资产项目的成本较低，现金流较大，总资产收益相对更高，企业的升值空间往往也更大。而重资产企业的优势在于资产抵御风险能力更强。一般来说，重资产企业即便濒临破产，它的资产也可以折价出售，土地、工厂厂房、机械设备、运输设备都是可以兑换成资金的。轻、重资产的组合，一方面可以保证自己的成本和盈利，另一方面则提升了风险抵抗能力。

在集中投资时，段永平的组合投资理念与普通投资者相似的地方是——永远不要将鸡蛋放在同一个篮子里。但段永平的组合投资理念与普通投资者有一些明显的不同之处——不要把鸡蛋放在同一个篮子里，也不能放在同一个房间里。按照他的话来说，篮子有可能不小心被人打翻，而鸡蛋也有可能被老鼠发现，为了避免房间里的鸡蛋被老鼠全部啃掉，最好的方法就是将它们分别放在不同的房间里保存。

2001年，段永平购入了网易公司的股票，那个时候他认为单一的投资存在风险，不如适当进行分散。因此，他在大规模购入网易股票时，也先后购入了一些其他网络公司的股票。买得最多的，就是堪斯帕网络公司和埃米尔网络公司的股票。之所以投资这两家公司，是看重它们当时都挺过了全球互联网泡沫的冲击，且有着非常不错的盈利水平。在投资这三家互联网公司之后，段永平满心欢喜地认为这三笔投资会让自己赚取到巨额收益，但最后只有网易一家挣了钱，一下子翻了100多倍，而另外两家因为不是行业内的领头羊，反响平平，所得收益还不如存在银行拿利息。

这一次投资，让段永平意识到一个问题：投资可以进行适当的分散，但是绝对不要同时购买同一个行业或者同一个板块内的多只股票。这种关联性很强、相似度很高的相对分散投资，具有很大的风险。实际上，在后来的投资中，段永平一直恪守这一理念。比如，在投资通用电气公司之后，有人劝他继续在制造业和电气领域寻求优质股，但这一次他没有听进去，而是选择投资高盛公司，结果，这两只股票都大涨，令他因此获益不少。

多年来，段永平一直告诫那些集中投资者，多元化的形态应该是相互补充的，应该形成一个相对分散、绝对集中的高效投资组合。具体来说，就是从众多备选项目中选择少数几只优质股，组成一个稳健、强大、关联性弱的资产结构和资产组合。不过，无论怎样投资和组合，一定要确保多元化组合的相关企业，都是自己能够理解和有能力控制的。如果单纯为了形成组合而接触一些自己不了解的东西，只会增加个人投资的风险，违背组合投资的初衷。

对于普通投资者来说，最佳的投资应该控制在5个以下，而且最好涉及不同的投资领域和行业，避免在同一板块内多方投资。不同企业之间的搭配，可以参照以下几个标准：

——保持风险和盈利的平衡。

不同的投资应该兼顾盈利和风险控制，投资者在设置投资组合时，必须重点关注盈利和风险控制的平衡，不要过分追求高收益的项目，要注重安全指数。一些关联企业最好不要投资，因为一旦一家企业出现问题，另外的企业也会出现问题，导致损失扩大。

——保持成长投资与定期收益的平衡。

在投资项目的组合中，所选择的项目一般要具备持续的成长优势。比如一只股票应该在未来20年甚至30年都具备竞争力，但是眼前无法获得太多的收益，面对这样的企业，投资者不可能把钱全部投进去。因为这笔钱可能会长时间保持不动，而投资者在其他方面还会产生一些开支，也会有其他投资上的需求，比如投资一些能够定期获得稳定收益或回报更快的企业。

对于普通投资者来说，可以按照自己的实际情况进行合理配置，确保自己可以在一个更加安全的前提下收获可观的利益，这是非常必要的。

## 将大部分资金集中在少数高价值的项目上

在投资领域，通常存在两种常规的投资模式：一种是分散投资。简单来说，就是将所投资金分散在不同的项目中，把资金按照特定的比例进行分配，但总体上而言，没有一个项目或者几个项目的投资会占据绝对的优势。坚持分散投资的人，始终会强调"不要将鸡蛋放在一个篮子里"。另一种是集中投资。集中投资主要强调投资者将资金集中在一个或者少数几个关键项目上，投资者看重的是投资的质量而不是数量，他们会选择最有把握且回报率最高的少数项目。一般来说，他们会坚持"将鸡蛋放在一个篮子里"的投资策略。

在日常生活中，有很多人喜欢分散投资，其理由很简单：分散投资可以提升投资的效率，还能分摊投资的风险。毕竟投资一个企业或者项目时，一旦失败，就可能会彻底失败，但投资10个或者20个项目，即便有几个项目出现了亏损，只要有一两个项目盈利，就不会出现太大的亏损。相比于1个项目，投资10个或者20个项目，获得成功的机会会更高一些。不过，分散投资往往会导致效益的降低，因为分散投资后，资金被分配到多个项目上，那些挣钱的项目可能无法创造更多的收益，而那些不挣钱的项目又会消耗部分资金。总体上来说，分散投资的人虽然面临的风险更小，但是很难快速积累更多的财富。

相比之下，那些顶级投资者大多看重集中原则，他们会将自己的资金集中于少数几个项目甚至一个项目上。对他们而言，只要某个项目足够优秀，有很大的回报，他们就会冒险集中投资。他们更推崇祖鲁法则。祖鲁法则是英国股票投资领域最杰出的投资大师吉姆·斯莱特提出来的，这个法则最初和一场战争有关：1879年，南非祖鲁族士兵为了对抗英军，不得已以冷兵器对抗英军的轮船大炮。从双方的实力来说，祖鲁族的士兵必败无疑，但令人感到惊讶的是，祖鲁族的士兵在伊散德尔瓦纳战役中以长矛歼灭了1000多名全副武装的英军，而个中原因就在于集中优势兵力冲锋为近身战创造了机会，最终重创英军。吉姆·斯莱特由此认为，如果人们可以集中资源在自己最擅长的项目上进行投资，就可以获得更高的回报。

事实上，祖鲁法则已成为投资界的一个重要法则，很多著名的投资者都按照这一法则进行投资。比如巴菲特将几百亿的资金集中于差不多10只股票上，这10只股票几乎占据了他全部资金的90%。金融大鳄索罗斯也非常喜欢这种冒险模式，一旦看中了某个项目，他就会毫不犹豫地大举购入。红杉资本的创始人比尔·鲁安更是直接说道："你一生中最好的那六个投资交易要比所有你其他的投资都要好。"

有人调查发现，自从1926年以来，美国股市的所有回报都是由回报率最高的1000家公司提供的，而这些公司所占的股票数量还不到市场上所有股票数量的4%。像苹果公司、微软公司、IBM、通用电气、美孚石油，都曾贡献了至少5000亿美元的股东回报，这些数字足够惊人，而其背后的逻辑就是：在股票市场上，只有那些优质的大公司才能产生惊人的回报，因此，人们应该集中投资那些优质的公司。在市场上，大多数公司最后都会倒闭和破产，造成巨大的亏损，如果人们一味采取分散投资模式，必定会提高亏损的概率。

大部分成功的投资者都是集中投资的受益者，段永平也是受益者之一。相比于巴菲特等人，段永平集中投资的力度更大。早在2010年，段永平在接受采访的时候就说过："我从头到尾真正投资过的公司最多五六家，卖掉了一些，我持有的公司一般在三家左右。巴菲特的哈撒韦一千多亿美元市值，也才投十来家。我不怕集中，我不是一般的集中，我是绝对的集中。""绝对的集中"正是段永平身上的标签，他非常看重投资的质量，对于投资标的的选择非常挑剔，绝不会随意拓展投资渠道。

段永平认为，过于分散的投资，会直接降低收益率，因为投资者很难持续地跟踪数量众多的上市公司的最新发展动态及研究所投资的公司是否存在风险聚集。这样一来，就会影响自己购买股票和抛售股票的时机把握。此外，他认为，人们尽管可以为每个鸡蛋配一个篮子，以分散篮子被打翻的风险，但篮子的成本是不可以忽略的，而且保护一个篮子要比同时盯着几个篮子看更加容易。过度分散的投资，会导致人们无法兼顾各个投资项目。

比如，国内很多人都喜欢投资A股企业，认为只要能进入A股，就表明这家企业非常出色，值得进行投资。但段永平不那么想，他在几年的时间里连续考察了一大堆进入A股市场的企业，但最终只挑选了一家：茅台公司。国内拥有3000多家A股企业，段永平只选择一家，恰恰表明了他的集中性。

段永平强调的集中投资，是指人们在同一时间段内要尽可能控制投资的数量，确保资本可以集中在回报率最高的少数几个项目上。当出售一些项目或者出售相关的股票之后，如果能够遇到一些优质项目，人们一样可以选择新的项目补充进来。在过去二十年时间里，段永平几乎将手头的资金都集中投资在少数的项目上，其中还有一些是抱着玩一玩的态度。但段永平在少数的项目上获得了巨额的回报，无论是网易的上百倍回报，还是苹果的几十倍回报，都足以证明段永平堪称成功投资的典范。有人曾经问他："巴菲特总会留有现金，我们平时手中是否要一直留有现金，给自己留一些余地？"段永平笑着反问道："老巴经常有现金，原因和他的生意模式有关。仅就投资而言，如果有好公司好价钱，你为什么要留现金？"他非常坚定地认为，当自己找到一个很想买的公司处于一个好的价位上时，实在想不出不全部投资购买它的理由。

多年来，段永平始终坚持集中原则，并认为花足够的时间在有限的人和公司上，准确率会更高一些。这里的集中，主要包含了两个方面：第一是选择少数最优质的项目；第二是将大部分资金集中投资在自己看好的少数项目上。所以，投资第一步就应先花费时间和精力去观察投资标的，看看有哪些企业拥有很好的发展空间，属于优质企业；有哪些项目属于高价值项目，能够带来持续的高回报。人们不妨列出一些心仪的项目，然后逐一考察、分析和评估，看看什么项目最适合自己，从中挑选出最好的一个或者几个（没有的话，就继续等待和搜索）。接下来，投资者可以对自己的资金进行合理分配，将大部分分配到相应的项目上。

需要注意的是，很多人会将项目投资与资产管理当成一回事，其实两者是不同的概念。资产管理除了包含投资的选项，还包含储蓄、保险、现金等诸多方面的内容。一个家庭的资产，应该保持必要的均衡性与多元化，因此要保证分散管理，投资一般不应超过50%的份额。相比之下，项目投资虽然也重视风险的抵御，但投资的首要目的是盈利。人们寻找优质的投资项目并不是为了防止自身的资产出现缩水，或者出现各种意外，而是为了找到增加资产的优质项目。市场上的优质项目本身就很少,人们只需要抓住自己能抓住的少数机会就可以了,然后将资金集中到这些项目上,确保资金的使用效率。

## 集中投资下注重资金分配

按照价值投资的理念,集中投资往往强调资金的集中配置,要求投资者将资金集中在优质项目上。这种集中,可以是将资金集中在某一只优质股上,也可以是将资金集中在少数几只股票上。这些资金,在投资一只股票时,可以很好地进行安排,比如将90%的资金投入优质股当中。可是当需要投资几只股票时,就会面临一个资金分配比例的问题。

事实上,集中投资的股票可能是多元的,而且集中投资的所有股都是高概率股,但多元并不意味着投资的平均分配,总有一些股的回报率不可避免地高于其他股。这就需要投资者采用更为合理的比例来分配投资股本,确保整体投资的收益和风险的相对平衡,因为难免有些股票的价值更大,而有些股票的风险更大。

那么,究竟应该如何进行股本分配呢?

有的人可能更加倾向于按照营收能力和回报率来分配。回报率高的企业,分配的资金就多;回报率低的企业,分配的资金就少。假设A公司的回报率在未来10年时间内年均达到了17%,B公司未来10年的回报率为25%,C公司未来10年的回报率为32%,D公司未来10年的回报率为22%。按照回报率的高低来说,C公司的投资比例肯定最高,然后依次为B公司、

D公司，最后是A公司。

这种安排方式有一定的道理，但问题在于：投资者是否评估了这些公司的风险？要知道，一些高回报的企业，往往存在高风险。当投资者一味看重回报率的时候，有可能忽略了高风险带来的损失。风险始终是投资的一个重要考量因素，投资时，风险必须与回报率、盈利结合起来进行分析。

2018年，段永平首次购入腾讯股票，但是他一直觉得自己的持股比例太少了，多次打算增加股份。2022年3月14日，段永平更新了动态，发布了一条信息，称自己打算出售部分苹果公司股票，套现后直接购入更多的腾讯股票。到了第二天早上，他又发布了动态，打算出售一部分伯克希尔的股票，用于加仓腾讯股票，提升腾讯公司的投资比例，确保收益和风险的平衡。虽然不知道腾讯在他所有的投资中所占比例究竟是多少，但不可否认的是，段永平这些年一直在试图提升该比例，同时调整以往的持股比例。他这样做，为的就是进一步协调好各只股票的比例，确保资金的平衡与高效利用。

其实，如果对段永平多年来的投资进行分析，我们就会发现他在面对不同的企业时，所投的资金和投资比例是不一样的。尽管他不会刻意安排自己必须按照某个比例进行投资，但事实上，他的确会按照企业的营收、风险及他对其了解的程度等多个层面进行分析，寻找最合理的搭配。

其实，关于投资比例的问题，不同的人有不同的想法和规划，也会使用不同的方法。著名的桥水基金创始人达利欧，在其《原则》一书中谈到过预期价值的计算方法：

预期价值=押对的概率×押对的奖励－押错的概率×押错的惩罚

假设投资人花费2000万元购买了某企业的股票，成功的概率只有20%，但获得的回报（纯利润）是2亿元，那么这个项目的预期价值就等于

20000×20%－2000×80%=2400万元。

这个项目的成功率虽然并不高，风险比较大，但是考虑到潜在的回报和收益非常惊人，其预期价值仍旧达到了2400万元。这个预期价值还是具有吸引力的，可能会吸引投资人进行冒险。

不过，当投资者面临多个投资选项时，想要在诸多优质企业中确保合理的资金分配，就需要想办法，运用预期价值的计算方法进行比对，按照预期价值大小进行排列。

假设项目A的投资成本是3000万元，成功概率为30%，获得的纯利润为8000万元。那么项目A的预期价值就是：8000×30%－3000×70%=300万元。

假设项目B的投资成本是2000万元，成功概率为60%，但回报只有3000万元；而一旦遭遇失败，将会损失2000万元，那么项目B的预期价值就是：3000×60%－2000×40%=1000万元。

假设项目C的投资成本是3000万元，成功概率为55%，回报大约是4000万元；失败后将会失去所有的成本，那么项目C的预期价值就是：4000×55%－3000×45%=850万元。

通过对比，我们就会发现项目公司B的预期价值最高，且成本投入最少，潜在收益也最少，但是在平衡风险方面是最好的，因此B最应该优先投资，在分配投资资金时可以分配更多份额。在投资中，投资者可以按照不同项目的预期价值进行分析，然后按照预期价值的高低进行排序，最后按照比例分配投资资金。

投资资金分配或者说股本分配的问题，一直都是投资者非常关注的重点。巴菲特曾经说起过他自己常用的一个方法："概率论告诉我们，当胜算大的时候，我们就应该增加自己的投资注码。与概率论并行的另一个数学理论——凯利优选模式也为集中投资提供了理论依据。凯利优选模式是一个公式,它使用概率原理计算出最优的选择——对我们来说,这就是最佳的投资比例。"

在这里,巴菲特所谈到的凯利优选模式其实就是一个计算概率和优化投资比例的方法,它是一个数学公式:

$$f=(bp-q)/b$$

在这个公式中,p指的是投资者获胜的概率,b代表了赔率(成功时的收益与失败时的亏损比),q是指失败的概率,f指的是所押的资金百分比。

假设一只股票的成功概率达到60%,赔率是2,那么失败的概率就是40%,所押注的资金比例应该是f=(2×60%-40%)/2=40%。

针对不同的投资项目,投资者可以计算出相应的投资比例,然后将所有的标的公司进行对比,按资金分配多少排列好顺序。

总的来说,人们在选择持有多只股票时,可以按照合理的组合与合理的分配进行配置,提升集中投资的优势。

## 持有某只优质股时，需要不断增持

腾讯公司是国内最大的互联网巨头之一，具有完善的产业链，多年来已经形成了强大的竞争优势。但自从2021年以来，其股价一直在下跌，从年初开始，股价就一路下滑，使得很多人不得不纷纷抛售腾讯股票。

2022年2月28日，段永平直接以53.5美元的价格买入10万股腾讯股票，这一次的总交易金额为535万美元。到了3月15日，股价仍旧在下跌，段永平表示将出售伯克希尔股票（此前一天，他强调要出售苹果股票），继续底部买入和增持腾讯，具体的购入数量并未对外公布，但基本上应该在几百万美元的体量上。接下来是4月22日凌晨，段永平再次对外公布自己的投资，表示自己刚刚以42.71美元购买了不少腾讯控股的股票，并强调"分红的钱终于花完了"，暗示自己从其他股票上获得的红利都用于增持腾讯股票了。

在短短的一两个月时间里，段永平竟然三次加仓腾讯，让人觉得很意外，毕竟很少有人会这么做，尤其是他在腾讯股价下跌的时候如此频繁地增持。可是了解段永平投资策略的人对此并不感到意外，因为按照段永平绝对集中的投资风格来说，这样的操作再正常不过了，何况腾讯还是这样一家优秀的大公司，段永平怎么会放弃如此大好机会呢？

2022年8月1日，段永平透露他以37.37美元的价格再次买入10万股腾讯控股ADR（美国存托凭证）。这一次，他又耗资373.7万美元增持。不仅如此，他还非常激动地表示，如果腾讯ADR继续下跌至30美元以下，他将再多买一些。考虑到当前的市场情绪，腾讯公司的股价可能还会继续下跌，而段永平也将考虑继续增持。

为什么段永平多年来一直钟情于腾讯，且在一年之内四次增持其股票？主要原因就在于：他看好腾讯公司的盈利模式和未来的发展前景。在他看来，这家公司仍旧拥有很大的成长空间，值得自己集中更多的资金进行投资。只要手里有充足的资金，而股价又合适，他就会毫不犹豫地进行增持。如果持有的是一只优质股，那些优秀的投资者往往会不断增持和加注，提高持股比例。这是集中投资的一个正常套路。一般情况下，投资者会随着股价的下跌而不断购入。

事实上，很多投资者都担心在自己购入股票后，股价停止上涨。他们不怕股价上涨，就怕股价"跌跌"不休，因此他们增持的量可能会受到控制。在这种趋势未明的情况下，他们会将所要投入的资金进行分批处理，比如当股价下跌时，选择按照下跌的趋势购买股票，股价下跌一次就购入一次，分散风险，降低投资成本价。

假设一只股票的价格为50元每股，可是由于行业环境的变化，导致企业业绩出现了波动，股价受到影响而开始下滑，当股价下滑到45元的时候，投资者购入10000股。但股价依旧止不住下滑的趋势，这时，投资者在37元的价位上继续增持10000股。当股价稳定了一段时间之后，继续下滑到35元每股，投资者并没有慌张，而是非常高兴地增持了20000股。

为什么随着股价下跌，投资者仍旧要继续购入和增持呢？首先，投资者意识到这是一只优质股，虽然暂时下跌了30%，但迟早会上涨，此时趁着股价下跌增持，可以降低投资成本，以便未来获取更大的差价。其次，在股价下跌时增持可以有效降低风险，同时提升盈利空间。只要分析上面的例子就可以知道，当股价从45元下跌到37元时，虽然亏损了8万元，但是股价其实被均摊了，变成了每股41元，此时只要股价继续上涨4元，就可以实现保本。当股价进一步下滑到35元时，虽然亏了2万元，但是增持20000股后，手里所有股票的股价其实被均摊成了38元，此时只需要上涨3元，就可以保证自己的投资不会出现亏损。相比于一开始的45元股价价位，这种增持方式可以最大限度地缓解股价上涨压力，降低风险，并提升股票的盈利能力，毕竟只要股价上涨4元，就可以获利160000元。

很多投资者在集中投资的时候，喜欢运用这种增持方式进行投资。比如巴菲特在投资可口可乐的时候，先后数次增持股票。而他之所以会这样做，主要是因为他一直认为，一家优质的拥有良好成长空间的公司，是值得不断增持的。当然，前提是这家公司的股价还有上涨的空间。

对于普通投资者来说，增持股票是一个非常重要的长期投资策略。相比于一次性购入，不断增持的效果往往会更好，除了可以利用股价下跌降低风险、提升盈利空间之外，分批次购入，还可以将闲钱不断投进去，增加投资的资金量。而增持股票的前提还是对价值的合理估计，投资者可以对照自己预估的价值进行合理分配，然后结合自身的经济实力，看看什么时候增持，每一次应该增持多少。

在增持股票的过程中，并没有具体的额度限制，也没有具体的时机限制。有的人喜欢在股价下跌时增持，但有的人也会在股价上涨时增持，因为他觉得股价还有更大的上涨空间。比如，很多人在股价触底反弹时，会逐步购入股票，这个时候，整个股价仍旧处在上行趋势上，只要控制好节奏，就能够按照具体的上涨幅度进行合理增持。只不过这种方法对投资者的能力、要求更高一些。

## 选择适合自己的投资

在长线投资中，时间是一个重要的要素，人们需要保证企业在长时间内都具备投资和增值的空间，这里不仅涉及对企业估值的方法，也涉及个人的选择问题。正常情况下，人们应该选择自己了解的企业进行投资，也即标的公司不仅要足够优秀，还要是自己足够了解的公司，但仅仅做到这两点还不够，一个优秀的投资者还得会选择适合自己的投资模式和企业。

比如很多人都知道苹果公司、谷歌公司、亚马逊公司非常好，但为什么投资的人并不算多呢？为什么普通投资者不会投资这些世界级大企业呢？还不是因为资金量不足，回报率没有小公司高，操作时不方便。段永平就不建议普通投资者投资大公司，不建议资本量小的人投资那些高股价的跨国公司。

实际上，不同的人有不同的投资选择，他们会在权衡利弊之后，选出最适合自己的投资模式，明确自己应该投资哪一类企业、应该侧重于哪些投资要素。比如，著名的对冲基金经理赛斯·卡拉曼一直强调"最安全边际"的理念，他喜欢以最低内在价值的券折扣进行投资，而且倾向于投资有形资产。在他看来，有形资产更方便用于交易，而且可替代性比较强。相比之下，无形资产弹性太大，难以准确把握。在他看来，投资股票有时候就像开店一样。店铺属于有形资产，人们在经营店铺时失败了，可以选择将店铺转让出去，可以选择出租店铺，也可以选择用店铺经营其他生意。而店铺的招牌和品牌则属于无形资产，一般来说，品牌不过关的话，很少有人愿意接盘，使整个生意做不下去。

但是在互联网时代，很多人偏偏喜欢投资互联网概念，这些无形资产在他们看来最具增值空间。虽然很多互联网公司和所谓的概念充斥着很大的泡沫，但这并不妨碍资本的大举进入，也不妨碍很多公司一夜之间价值翻上几十倍甚至几百倍。不同的投资者对于资产的形态有着不同的理解和不同的兴趣偏好，最重要的是找到适合自己的投资，确保自己有足够的耐心在长线投资中等待价值的成长。

又比如，圣特尔资本公司的对冲基金经理泽克·阿什顿，对那些规模很大的资产并不太看重，反而更倾向于把很小的资金发展壮大，对那些优质的小公司非常痴迷。他的目标是将它们组合成40~50年的高收益资产。此外，在投资时，他非常看重现金流，认为现金流是评估一项投资是否合理的关键因素。泽克·阿什顿拥有一套非常简单的投资理念：必须是小而优的企业，拥有出色的管理、优秀的品牌、良好的资产负债表；拥有最低15%的年收益，购入资产的价格与自由现金流的比率是个位数。

这样的投资指标并不算特立独行，但也凸显出了个人的选股标准。很显然，并不是所有人都愿意按照这样的指标来选股。他和巴菲特、芒格、段永平、林奇、索罗斯、罗杰斯、邓普顿等人都不一样，只要能够带来理想的回报，能够在长时间内保持相对稳健且安全的收益，在他看来就是不错的投资。

在分析一家企业是否足够优秀时，每个人的看法也不一样。大家的标准不一样，经验也不一样，能力偏向也有所区别，对事物的理解和分析也不是同一个角度。比如，很多网友在谈论拼多多时，都会攻击它的假货和劣质产品问题，认为这家公司没有什么价值，也不具备长期发展的可能。对此，段永平说道："我投拼多多确实是因为喜欢黄铮，但你这么看拼多多，表示你大概是个人云亦云的人，没有理性看待问题的态度。我今年春节回国专门买过接近100单拼多多上的东西，你肯定没有试过。拼多多有这么多用户，绝对是有道理的，不过我从来没有推荐过大家投资拼多多，目前也不会推荐，因为我不清楚拼多多到底最后会如何，所以觉得顶多只能按风投的标准来看拼多多。"段永平从来不去跟随别人的脚步进行投资，也不会被外界的声音干扰，他只做自认为有价值的事情，只做一些自认为正确的决定。

在现实生活中，很多人都喜欢询问别人应该如何选股，应该怎样确保自己在长时间内都保持高收益。其实，每个人的需求不同、能力不同、选股的标准也不同，照搬巴菲特或者段永平的模式不一定会获得成功，价值投资的关键是积累经验，形成自己的投资风格和理念，这才是提升收益的前提。

每个人都应该找到适合自己的投资模式。如果一个人擅长投资小公司，那就重点关注小公司；有的人对大公司更有把握，那就想办法在大公司中选股；有的人适合投资轻资产，那就要侧重于轻资产企业的投资；有的企业更喜欢在重资产中抄底，那就选择重资产企业。投资是个技术活，并没有一个绝对的标准，也不会有一个所谓的正确模式。即便是价值投资，也不会有人强调必须投资哪一种类型的企业，关键还在于所选标的与自己是否合拍。

按照段永平的说法，人们需要对自己有一个精准的认识，从而结合自己以往的投资经验进行分析和判断，看看哪一类公司是最适合自己的，看看什么企业最容易理解，看看哪些公司能够带来最稳健的回报。这里还涉及对自身经济实力的评估，资金的安排，时代背景与行业环境的分析，企业价值的评估，以及对过往经验的总结。

人们想要在长线投资中做到收益最大化，就必须更加谨慎地进行选择，确保自己选择的企业可以拥有一个美好的发展空间和增值空间。如果个人所选择的企业存在先天不足，与自己的期许差距太远，那么可能就会缺乏长期持有的信心和耐心，在进行具体的操作时也会丧失优势，甚至错失很多好的机会。比如，没有在下跌时选择增持，没有在更好的投资机会出现时出售一部分来兑现，转投价值更高的公司。

关于如何对待股票投资，段永平说得很直接。他认为每个人都有不同的能力和偏向，也都有自己的实际需求，有经验的投资者可以按照自己的经验和节奏选股，没有经验的最好不要轻易尝试投资股票。事实上，他并不赞成普通人投资股票，因为多数人并不了解股票。他说："我开始做投资，就是因为我觉得巴菲特讲的东西我弄明白了。这非常简单，但实际上简单的东西是很难的。比如，很多人问我股市这么低了怎么办，这么低了，你应该买呀。一个东西，以前10元钱你想买，现在5元钱你反而想卖，这个很可笑，对不对？有人说，那我5元钱买，掉到3元钱怎么办，那就再买呀。很多人问我有什么建议，我的建议就是别碰股市。因为你如果连这一点都没有搞懂，你就跑到股市里面，那你就是白送钱。那你干吗要来呢？然后你问我亏了钱怎么办？那你说你去拉斯维加斯赌博输了怎么办？"

总之，这个世界上是没有标准答案的，也没有所谓的最好的投资方法，一切都要从自己的实际情况出发，按照自己的现实需求来解决问题，这才是最合理的。

## 提早放弃那些不挣钱的投资

2000年底,创维管理层内部出现了一些分歧,销售团队中的一半成员离开,加上创维官司缠身,导致股价直接跌到1港元以下,而当时创维的市值只有10多亿港币。段永平意识到这是一个好机会,在他看来,创维的商业模式还不错,技术也很成熟,在整个国产彩电行业应该是最健康的企业了。这样一家企业不可能就此倒闭,未来肯定有很大的发展空间,否则整个彩电行业都将难以生存。

段永平做了一些简单的分析,他认为:创维的内在价值应该在200亿港元左右,可能会更高一些,而十几亿港元的市值明显偏低,要知道创维的总部大楼可能也差不多值十几亿港元了。正因为如此,段永平买入了不少股票。几年之后,段永平手里的创维股票涨到了8港元以上,而创维的市值也涨到了200亿港元以上。

就在形势一片大好的时候,段永平开始抛售创维股票。很多人认为段永平过于谨慎了,他们觉得继续持有创维还可以挣到更多的钱。可是段永平很早就做出了估算,创维的估值就是200多亿港元,如果涨到300多亿港元,实际上有些偏贵了,如果继续投资的话,盈利非常有限,还不如提前放弃。

对于价值投资者来说，投资始终都是以企业的内在价值为基础的。当企业的内在价值不再增长，个人的投资无法创造更多的收益时，最好的方法就是选择放弃，借此减少可能的亏损，同时及时套现，转投其他回报更高的股票。即便是长线投资者也应当明白一点，企业不可能无限制地成长，终有一天会进入下行区域，发展越来越缓慢，然后出现倒退，股价也应声而跌。投资者应该提前做好布局，及时退出，保证资金的安全和利用率。

事实上，多年来，段永平一直强调好股票是不应该出售的，但实际上谁都无法永久持有股票。在谈到什么时候出售股票时，段永平诚心说道："我也不知道啥时候卖好，反正不便宜时就可以卖了，如果你的钱有更好的去处的话。"比如段永平一直都看好苹果公司，可是他还是决定抛售苹果股票，然后增购腾讯的股票，原因就在于他看到腾讯股票的增值空间更大。

普通投资者一定要注重对企业的内在价值进行合理评估，准确了解企业的内在价值以及未来的发展空间，然后针对当前的股价做出是否投资的决定。当然，有时候这种评估并不合理，会导致自己在投资时做出误判，选择了一家不挣钱的企业。这时，个人若发现自己出错，要果断撤离，不应心存侥幸，期待股价会上涨。越是不能在第一时间撤离，越容易造成严重的损失。

段永平曾经有过数次失败的投资，投机心理、试图抄底、试图做空，以及一些错误的价值评估，也曾见诸他的投资记录。但是，他每一次发现亏损时，都会快速脱手，避免自己遭遇更大的损失。在机会面前，他从来不会犹豫不决，只要时机成熟就立即出手买入；在股票不挣钱的时候，他同样会快速抛售，尽可能保障资金不会被浪费掉。

不挣钱其实包含了两层意思：第一层，如果一只股票是亏损的（长期来看是亏损的），应提早放弃，因为股票投资本身就该以保护股本为第一要务。假设一只股票的价值大约为20亿元，可是按照当前的股价来说，市值已经突破了40亿元，可见其股票的泡沫很大。尽管此时股价仍旧有可能继续上涨，市值甚至可能会突破70亿元，但对于购买股票的人来说，这不是一个好的投资，因为这家企业迟早会遭遇股价大跌的惨况。此时买入的人也许暂时会盈利，可是从长远来看，一旦企业的价值回归正常，投资者就会产生很大的亏损。

第二层，如果股票的盈利很小，或者几乎没有什么盈利，应尽早放弃，因为股票投资还涉及机会成本的问题。在日常投资中，很多人对投资缺乏正确的认知，他们更希望的是投资那些一直上涨的股票，投资那些知名度高的企业，但这种方式存在很大的缺陷。比如任何一家企业的股价都不可能一直上涨，那些知名度高的企业的股价也基本上达到了一个高位，上升的空间同样很有限。假设一只股票从1元上涨到了20元，而它未来最高可能会上涨到22元，可是对于投资者来说，在20元左右的时候选择抛售或许是最佳的时机。因为接下来很长一段时间里，股价上涨的幅度非常有限，根本没有太大的盈利空间。

投资者必须清晰地意识到一点：在整个价值投资体系中，一切都是围绕价值来进行的。投资无论是涨价还是下跌，都不能凭借主观思维做出判断，无论是继续投资，还是打算撤资离场，都和企业内在价值评估有关。只要意识到股票的上涨无法支撑自己的投资回报需求，就应该及时脱手，甚至一开始就避而远之。

当然，抛售不挣钱的业务并不是绝对的，有时候需要将那些不良资产和价值不高的股票，打包出售给其他企业或者投资者。但很多时候所谓的不良资产和股票只要换个环境，换个管理者，换个投资人，换一种环境，又可能会产生新的利润增长点。比如，橡树资本联合主席兼创始人霍华德·马克斯就是一个专业的不良资产收购者，他在2020年管理着高达1200亿美元的资产，其中的不良资产就占到了200亿美元。很多人批评霍华德根本不懂投资，完全是被人骗了，但实际上霍华德有自己的考虑。他认为并不是所有不挣钱的业务和股票都是糟糕的，当经济发展到了某些特殊时期，或者出现某些特殊情况的时候，就会给不良资产带来特殊的发展机会。而自己要做的就是把握好这样的机会，提升这类股票或者业务的价值，然后转手卖出更高的价钱。

普通人既没有那么多试错的成本，也不具备进行巧妙操作的能力，最好还是尽早远离那些不挣钱的股票。

第六章

优质的股票要配上合理的操作时机

## 了解股市变动的规律

有一次,一个投资者询问段永平,究竟应该如何长期重仓某只股票,因为自己往往选对了公司,却没有办法拿住。

段永平认为投资者一定要学会选对和拿住这两门课,因为这是必须具备的能力,只要做到了这两点,再加上一点小小的运气,那么在股市上赚钱就没有想象中的那么难了。他建议投资者去学习对企业进行估值,以及应对市场波动的方法,掌握了这两个方法,就能够更轻松地拿住标的公司。

不仅如此,他还提出了能拿住企业的几个要素:

1.没有过高的回报期望。

2.对股市运行规律有一定了解。这是非常重要的。不然,凭啥你总能逆向思考,并且大部分都对呢?

3.盯住比赛,而不是记分牌,但绝大部分人不是如此。

4.尽量让自己远离市场,不要天天看K线。

5.将评估投资回报的时间调整为5年以上。

6.并不觉得自己比别人更聪明。

其中有一条很关键,那就是了解股市运行的规律,而掌握这个规律的关键,在于趋吉避凶。众所周知,市场总是会有高低起伏,这是一个基本的运动模式和规律,毕竟每天数亿人的相互博弈,必然会造成市场的变化,这是一个极为常见的现象。另外,企业自身的发展也会出现波动,不可能一直保持高速发展的水准继续下去。企业的发展有高峰期和低谷期,有成长期和衰退期,有各种各样的意外波动,这是企业自身发展状况决定的。还有一点,任何一个内外部因素的影响可能都会造成企业价格的变动,任何一家企业都不可能完全脱离外界环境的影响而单独存在。因此,人们即便做了更充分的准备,也可能会因为外界因素的意外干扰而失去准确预测的能力。企业的发展,是存在一些不确定性因素的。因为受各种因素的影响,市场总是存在着变数,因而具有不确定性,但这并不能够成为妨碍人们做出正确决定的因素,也不影响人们对规律的把握和使用。

比如,投资者通常无法预测股票从什么时候开始上涨,上涨到什么程度,也不清楚什么时候开始下跌,下跌到什么价位上。但人们可以选择在上涨一段时间之后,或者上涨到某一个较为理想的价位上时,选择抛售股票。虽然股价有可能继续上涨,但是提前卖掉股票仍旧是一个比较稳健的选择,因为想要把握顶点很难,弄不好就会等来股价下跌。因此,投资者一定要见好就收,避免挣最后一个铜板。同样,人们可以在股价下跌一段时间,或者下跌到一个理想的价位上时,选择购入部分股票,虽然股价可能还会继续下跌,但花费时间去预测谷底并不划算,而且成功率太低。真正重要的是,人们可以在一个心仪的价位上购入股票,并且相信股价很快就会反弹到更高的位置上去。

假设一只股票当前为3元一股,在涨到24元一股时,投资者就开始卖掉股票套现。有的人也许会认为股价会继续上涨,最终上涨到30元一股,但谁能够证明这一点呢?如果人们无法控制自己的欲望,那么即便股价上涨到30元，也还是有很多人舍不得卖掉，继续等着它上涨到40元、50元。事实上，这只股票不可能无限制增长，最终是会下跌，也许在到了30元的顶点后，迅速下跌到5元一股的低位上。这时，我们就会知道那个在24元价位上出售股票的人是多么明智，而更多贪婪的投资者却等来5元甚至更低的价位。

同样的道理，假设一只股票当前的价位为20元，然后连续一段时间下跌，一直跌到6元每股的价位上。这时，一些有经验的投资者会依据估值做出判断，及时购买股票，若股价继续下跌就继续购入。很多人可能会认为股价会继续下跌，此时购入并不明智，不妨继续观望，但正是因为拿捏不定，导致错过最佳时机，股价在触底后很快反弹到15元的价位上。

简单来说，人们没有必要去预测什么时候股价位于最高点，什么时候股价降到最低点。真正应该关注的是：股价不可能一直上涨，也不可能不断下跌。只要掌握了这个基本规律，人们就可以在对企业进行估值之后，做出合理的投资预判，选择一个合理的价位入手或者脱手，赚取差价。

比如被誉为20世纪全球顶尖十大基金经纪人之一的约翰·邓普顿，是格雷厄姆的学生，他负责管理全球绩效最高的富兰克林邓普顿基金组织。这个基金从1954年以来，一直保持高达15%的回报率，而这一切要归功于邓普顿出色的管理和投资能力。邓普顿是一位非常出色的投资者，他非常擅长逆市操作，如果对他的投资方法和投资策略进行分析，我们就会发现他一般会在大萧条的低点买入，然后在高点卖出。他似乎总是可以在股价下跌之前卖出股票，然后在股价没有上涨之前购入。约翰·邓普顿的能力强在对股市的起伏变化非常了解，能基本上把握住股票波动的规律，从而更好地把握机会，进行合理的布局和投资。但他并不执着于等待顶点抛售，也从来不奢望每一次都可以抄底。他更加看重的是：上行趋势和中行趋势下的股价是否符合出手的标准。

对于普通投资者来说，最重要的是了解股市变动的规律，把握趋势即可。这样，就可以在估值之后利用规律进行投资，找到合理的买入或者卖出点，保证自己可以在投资中赚取到差价。

## 如何理解股票的贵和便宜

人们总是非常在乎自己买的股票是贵还是便宜，这几乎是人之常情。大部分投资者都渴望以更便宜的价格入手股票，然后以更高的价格出手。但何为贵何为便宜，一直都是一个难以界定的问题。

有人问段永平，什么股价才算是便宜的？段永平直接说道："这是关注短期、关注市场的人才会问的问题。我不考虑这个问题。我关注长期，看不懂的不碰。任何想市场、想时机的做法，可能都是错误的，我不看市场，我看生意。你说某只股票贵，how do you know？站在现在看10年前，估计什么都是贵的。你站在10年后看现在，能看懂而且便宜的公司，买就行了。"

段永平认为投资和成本无关，一个人想要投资优质公司，一般不会考虑成本的问题，也即贵和便宜的说法是不成立的。这里涉及横向对比和纵向对比。横向对比是指不同企业之间的对比，比如有的小企业，内在价值不高，成长空间也非常有限，可能只有3元一股的股价，看起来非常便宜，但它可能最多只能上涨到4元一股。这类企业，其实投资意义不大，是价值投资者应该远离的投资项目。而有的大企业，每股可能高达几千元，甚至几十万元，听起来很恐怖，但这些股票可能最终会上涨到几百万元的高价位上。相比之下，几十万元一股的股价，其实根本不算贵，只要资金充足，投资者完全可以进行投资。

比如，投资大师格雷厄姆就喜欢投资股价更低的企业。他认为廉价的股票具有上涨的空间，属于捡烟蒂的一种方式，但这种投资有利有弊。如果投资者刚好选择了一家内在价值很高的企业，那么，低价的投资定然会带来巨额的回报。但如果选择的是一只垃圾股，公司不仅不发展，且股价不断下跌，那么，投资者买的廉价股票也是一种巨大的浪费。

进行横向对比就会发现，不同价值的企业，股价根本不一样。股价高的可能上涨到更高的水平，而股价低的也许几年时间也没有什么增长幅度。最重要的不是价格，而是价值，对于高价值的企业来说，不需要过多地考虑成本。

纵向对比则强调企业自身的发展趋势，看当前股票的价格和此前的价格对比，以后的股价和当前股价的对比。假设一只垃圾股最初的股价为30元，可是5年之后直接下跌到10元，通过纵向的时间轴进行对比，就可以发现这只股票的购入价30元非常贵。如果购入的是一只优质股，股价为300元，虽然价格并不低，但是5年之后，股价上涨到了2100元，这样一对比，就会发现300元的买入价并不贵，算得上很便宜了。

在长线投资中，投资者看重的就是时间带来的增长优势，他们需要重点评估时间拉长之后，企业价值的增长和股价增长的基本趋势。如果一只优质股值得长线持有，那么股价的不断增长就会带来更多的收益和回报。在这种模式中，优质股本身存在很多优势，可以推动股价的不断提升。在这种情况下，只要对企业未来的发展做一个准确的评估，就可以做出合理的判断，股票的投资成本就显得不那么重要了。

所以，无论是横向对比，还是纵向对比，其实都需要对股票价值进行评估。可以说，所谓的贵和便宜都是建立在价值评估的基础上的，价值高低决定了投资是否划算。段永平很少会评估一家公司的股价是贵还是便宜，他说过："股票是由每个买家自己定价的，到你自己觉得便宜的时候才可以买，实际上和市场（别人）无关。啥时候你能看懂这句话，你的股票生涯基本上就很有机会持续赚钱了。如果看不懂其实也没关系，因为大概85%的人永远看不懂这句话，这也是有些人早晚会亏在股市上的根本原因。非常有趣的是，我发现大部分从事投资行业的专业人士其实也不是真的很明白这句话。你们只要把公司想象成一家非上市公司，没有股价变化就明白了。不过绝大多数人大概做不到这点。客观地讲，没办法将一家公司看成非上市公司来投资的话，最后多数会亏钱。"

如何自己进行定价呢？这里强调的是个人对股价的评估。假设一只优质股的价格为200元，这个时候，投资者对公司进行估价，认为公司的股价在400元才算正常，那么400元以下的价格都是非常划算的，投资者可以将目光锁定在210元、240元、270元、310元、360元、395元等不同价位上。如果投资者对股价的定位就是200~210元，那么200元的价位就很高了，人们能够接受的价位可能最高在150元左右。在整个投资过程中，投资者会按照自己的定价进行投资，或者说自己的定价就说明了他们对企业的发展态势的看法和态度。

需要注意的是，在购买股票时，段永平虽然强调只有用更长的时间来衡量企业的发展，才会对股票价格的贵和便宜有一个相对的认知，但这并不意味着人们可以完全忽略价格。其实，他也会选择在股价更便宜一些时入手，毕竟在股价增长趋势相同的情况下，更低的购买价格，往往意味着更大的差价和更高的投资回报。一般来说，段永平会选择价值被低估50%及以上的公司，他所理解的价值是：现在的净值加上未来利润总和的折现。比如，他在投资通用电气公司时，他认为公司的股价值20元，然后他在15元的时候买了一点，等到价格下跌到10元以下，便加大投资。很显然，价格虽然不是考量价值的重点，但如果所购股票的成本价更低一些，整个股票的盈利空间会更大，符合利益最大化的追求。

## 如何确认出售股票的时机

在谈及投资时，通常会强调长期持有这样的策略，但长期持有并没有一个明确的时间规定，究竟是持有10年还是20年，或者说永久性持有？事实上，股价始终在不断变化，企业的发展也会经历一个自然成长和衰败的过程，加上不同时段对资金的需求不一样，使得长线投资者不得不经常面对一个问题："我什么时候应该出手，卖掉自己的股票？"

关于什么时候卖掉手里的股票，一直都是一个难题。相比于买入，卖出给人带来的压力更大，想要准确判断局势更难，尽管很多人都知道应该在最高位卖掉股票，但哪里才是最高位呢？由于对高位的判断很难做到精准，因此从逻辑上，从实际操作上来说，都是测不准的。一个优秀的投资者不会将高位作为出售股票的最佳时机。

段永平曾经非常坦诚地说："我也不知道啥时候卖好，当我买一只股票时，一定会有个买的理由，同时也要看到负面的东西，当买的理由消失了，或者重要的负面消息增加到我不能接受的时候，我就会离场。当然，太贵了有时也会成为离场的理由，如果真是特别好的公司，稍微贵一点未必要卖，不然往往买不回来，机会成本大。"

假设一只股票的价格上涨到了120元，预计最高点可能在130~135元之间，这个时候股票上涨的空间已经非常有限，继续持有的话，并不能带来多少额外的收益，反而会承担一定的风险，且会浪费其他一些很好的投资机会。假设一只股票的价格为30元，预计最高可以上涨到130~150元，这个时候就可以继续持有股票，不要急于出售。

总的来说，作为价值投资者，所有的交易实际上都要建立在价值评估上，人们更多地需要考虑价值或者说未来的价值成长空间，而不是成本。如果一个卖掉股票的人总是想着和买入的成本联系在一起，他就很难理解价值投资的意义，也无法真正在股市中挣到钱。因为他手上的一只股票可能上涨了一点就被卖掉，或者下跌了一点就被卖掉，完全是对这只股票在未来10年、20年的增值潜力的浪费。

需要注意的是，人们对股价的预测并不完全准确，有时候可能会存在一定的误差。比如，投资者估计一只股票的价格可能会上涨到100元的高位上，但实际上，它可能会上涨到每股130元，或者也有可能最高上涨到每股80元。正因为预测并不完全准确，人们在出售股票时，要保持平常心，不要过分贪婪，总是想着在最高点出手。前华人首富李嘉诚说过，他从来不会挣最后一个铜板。每一个投资者，都要给自己留出一个缓冲时间，确保投资的安全。当股价接近高位时，不要总是想着继续靠近最高点（即便这个最高点的评估也不是很准确），应该提前做好撤退的准备，避免股价触顶下跌。

市场中的博傻理论，类似于玩击鼓传花的游戏，很多人疯狂抬价来吸引买家跟进，当更多的投资者进入后又期待着有人来接盘。可是，这种游戏基本上很难长久维持下去。因此，参与游戏的人需要尽可能保证自己不会成为最后的接盘者，结合价值评估来做出及时判断，不要执着于榨取最后的增值空间，以免聪明反被聪明误，导致自己的投资血本无归。总之，在选择合适的出售时机时，切忌贪心。

　　在卖出股票时，需要考虑股票的时间价值。这里谈到的时间，还包括未来折现。在段永平看来，未来折现就是所谓的时间成本，任何投资都要考虑时间成本。段永平举了一个例子：假设苹果公司的股价早晚会突破1000元，但时间需要3年以上，那么，如果有人现在愿意出价800元购买，自己就可能会选择出售。如果一个企业的股价为5元，有人愿出价10元买进，但是10年以内，这只股票很可能会突破100元，那么自己无论如何都不会卖掉它。

　　上面谈论的，都是一些股票上涨过程中的出手时机。如果价值投资者对企业的估值出现了错误，或不幸选择了错误的公司，那么，他将要面临的，就是股票不断下跌的情形。这个时候，投资者要做的，就是对企业进行重新估值，了解企业未来的发展趋势。如果事实证明企业的价值不高，那么，最好的方法就是尽早抛售股票，以免无效地拖延和等待，不断增加持有该股票的亏损和风险。也就是说，当企业没有什么投资价值的时候，或者自己的投资出现了错误时，最有效的办法就是尽早卖掉股票，而且越早越好。

　　段永平认为，在现实操作中，并没有一个所谓的最佳出手时机。最重要的是：对股票价值进行实时观察和评估，了解它未来的增长趋势或者下跌趋势，然后看看未来折现，评估自己是否值得继续持有。对于普通投资者来说，衡量股票未来的成长空间和当前的价位，经过对比来评估成长的幅度，也是很有必要的。而至关重要的一点是，必须保持良好的心态，从大局出发来考虑问题，而不在一些细枝末节上浪费时间，确保自己可以在一个安全的时间范围内售出股票。

## 市场不景气，有助于找到最佳的投资机会

2000年6月29日，网易成功登陆纳斯达克，并很快成为大家关注的焦点。毕竟在那个年代，一家中国互联网公司在美国上市，很多人还是期待很大的。可就在这个时候，全球性的互联网泡沫危机爆发，纳斯达克指数遭受重创，网易也难以幸免，市值一路狂跌，短时间内就直接从15.5美元下跌到不到1美元每股。

雪上加霜的是，2001年9月，网易突然被爆出涉嫌会计造假，据说此前公布的790万美元营收明显被高估了，实际上大约只有390万美元。网易遭遇如此严重的诚信危机，股价继续下跌，连公司的重要股东也开始集体起诉网易。在接二连三的重创下，网易几乎面临倒闭，纳斯达克更是直接给出了退市的警告。纳斯达克的交易规则规定：如果一家上市公司连续30个交易日股价低于1美元，就会收到退市警告；如果收到警告后的90天内业绩仍然没有得到改善，就会被强制退市。

网易创始人丁磊原本打算出售网易公司，段永平知道这个消息后，立即对网易进行了估值，结果发现网易的股价被严重低估了：第一，网易当时的股价是0.8美元，但每股现金达到了2美元；第二，网易的市值只有2000万美元，可现金尚有6000万美元；第三，网易负债不过是1400万美

元,而公司的净资产多达6700万美元。紧接着,段永平咨询了律师,知道网易公司的官司问题还不到迫使公司摘牌退市的地步,何况公司的运营情况还是非常不错的。

　　了解了这些详细信息后,他劝说丁磊放弃出售公司的想法,然后,直接注资200万美元买入152万股网易的股票,之后又增持到了205万股。很多人看不懂段永平的操作,认为他投资这样一家濒临倒闭的公司,难道不怕造成巨大的损失吗?但段永平认为,网易是一家非常不错的公司,现在的股价那么低,自己以低价购入这样一家优质的公司,肯定会大赚一笔。结果也正如他所设想的,当网易公司在2001年12月推出《大话西游Online2》之后,该款游戏成为市场上的爆款,股价应声而涨。到了2003年10月的时候,网易的股价已经飙升至70美元。令人惊叹的是,段永平仅仅用了2年时间就实现了将近100倍的投资回报。

　　相比于那些看涨不看跌、追涨不追跌的人,段永平对处于下行阶段的股票会有更多的关注。他会重点寻找那些优质股,在市场不景气、股价出现波动时入手。因为只有股价出现波动,自己才有机会以更低的价格买入优质股。很多人害怕股价出现波动,一出现波动就担心股价会下跌,而段永平认为,投资者只需要关注这家公司是否拥有足够高的价值,是否具备持续发展的空间,至于股价的暂时波动,根本没有必要在意。不过,他也认为波动会提供一些很好的机会。

　　股神巴菲特曾经说过这样一段话:"学术界对于风险的定义实在是有点离谱,甚至有点荒谬。举例来说,根据Beta理论,若是有一种股票的价格相对于大盘下跌的幅度更高,就像是我们在1973年买进《华盛顿邮报》股份时一样,那么其风险远比原来高股价时还要高。要是哪天有人愿意以极低的价格把整家公司卖给你,你是否也会认为这样的风险太高,而予以拒绝呢？事实上，真正的投资人对于波动喜欢都还来不及，格雷厄姆《聪明的投资人》一书的第八章便有所解释。他引用了'市场先生'理论，'市场先生'每天都会出现在你面前，只要你愿意都可以从他那里买进或卖出你的投资，他老兄越沮丧，投资人拥有的机会也就越多。这是由于市场波动的幅度越大，一些超低的价格就越有机会出现在一些好公司身上。很难想象这种低价的优惠会被某些投资人视为对其有害，对于投资人来说，你完全可以无视他的存在或者好好地利用这种愚蠢的行为。"

正因为如此，很多人喜欢在股市出现低谷时，进入市场寻找机会。像金融危机以及熊市往往都会出现更好的机会，因为很多优质公司此时也会出现股价迅速下滑的情况，这对投资者来说，是一个非常好的机会。几乎每一次金融危机，都会出现一些非常出色的投资，一些目光长远的优秀投资者会把握住机会，以超低价格投资优质项目。谷歌、可口可乐、苹果、腾讯、特斯拉，这些优秀的企业都曾受到冲击，都曾经历过很严重的低谷。在大家都在看衰它们的时候，那些优秀的投资者却趁机大举买入，以很低的价格实现了收益的翻倍。比如，谷歌公司自从2004年上市以来，年复合收益率达到了25%，这是一个惊人的成绩。但谷歌也曾遭遇重创，在2008年，全球网络股的股价大跌，谷歌公司累计跌掉了56%，很多人选择抛售和远离谷歌公司，而一些优秀的投资者却选择低价买入，最终挣得盆满钵满。

普通投资者应该理性看待股价波动，并在企业发展不景气时，寻找更好的投资机会。不过，这里有一个基本前提，就是人们首先需要对那些心仪的标的公司进行合理的估值，看看它们是否值得投资，是否具备良好的发展前景，然后才谈得上选择持有。当人们找到一家优质的公司时，股价波动就会成为一个更好的契机，股价波动越明显，幅度越大，人们就越能在投资中收获更多的利益。

　　正如段永平所说："择时非常难，我非常不擅长。如果是在我喜欢的公司大跌的时候，我会非常舒服地把钱放进去。但如果刚好在公司近期涨了很多的时候，或者是近期可能有些大事件的时候，我可能会选择稍微等一下。"

## 在企业发展局势明朗时进行投资

如果注意观察段永平的投资模式，我们就会发现，他很少会在第一时间投资那些所谓的好公司，他愿意等待和观察一段时间，等待时机变得更加成熟。比如，他在投资苹果公司时就花费了几年时间进行观察，虽然错过了最佳时机，但好歹也算上了车，也获得了不错的收益。投资腾讯公司也是这样，他观察了很多年，但持股的时间比较晚。这两年，他对腾讯的商业模式越来越感兴趣，多次增持。可以说，对于这两家科技公司的选择，段永平经历了一个比较明显的成长过程，而这个成长过程，与两家科技公司的成长几乎是同步的。随着公司发展并展示出巨大竞争优势、良好的发展前景，段永平对于投资它们的热情这才开始高涨起来。

除了这两家公司以外，段永平对另外一家公司——新东方的投资转变更是明显。其实，早在10年前，段永平就对新东方有过评价。

2012年7月20日，他在回复网友时这样说道："我昨天也收到一位以前在新东方干过老师的朋友的E-mail，说他也买新东方了，觉得新东方是好公司。有那么多已经离开新东方的人说新东方的好话，说明俞敏洪其实很了不起，要知道这个文人相轻，他能扭转这一点相当不容易。"

不过，在谈到新东方时，段永平还是认为它和顶级公司有差别，觉得它的生意模式并不算好，属于力气活。

此外，在得知新东方将回购5000万美元股票的时候，段永平表示不理解："如果以公司名义不能买的话，个人名义怎么就可以了？费解。我说的是：如果是个人名义的话为什么要宣布？因为没有任何理由要这样做，除了显示信心以外。如果是为了显示信心，为什么是未来3个月？为什么说未来6个月不卖（而不是比如3年等）。还有就是如果你真想买，那你是想买得贵点还是便宜点？喊这么大声音感觉好像是不太想买的样子。看得出来，他们对股价还是特别在乎的，有点不太好。"

段永平承认新东方是一家不错的公司，但是如此在乎股价的行为让他感到不值，他自己也很难找到一个持有新东方股票的理由。按照他的话来说："真的很难找到我会愿意持有这家公司到永远的感觉。"他觉得，新东方完全可以变得更好。

之后，他还评价了俞敏洪，原话是这样的："以前看过俞敏洪的演讲，觉得他讲得非常好。但看了王利芬的长达4个小时的采访后，觉得俞离所谓的顶级企业家还有点距离，而且这个距离似乎是不会被缩短的。俞其实是个非常好的生意人，但企业大到一定程度后恐怕就有点困难了。"可即便如此，他仍旧表态，以卖出空头期权的方式买入新东方。

2021年底，新东方的发展跌入谷底，股价跌至不足2美元一股，此时，一直不主张投资新东方的段永平却逆势而上，以卖出空头期权的方式买入新东方，结果到了2022年6月，新东方股价上涨了700%，段永平获得了丰厚的回报。

段永平通常主张后发制人，并不急于立即投资那些优秀的公司。他会在了解公司之后，或者在公司的发展形势越来越明朗时选择出手，虽然没有以最小的成本获取收益，但安全性更高。

其实，这种投资模式就是一种有效的时机把握。段永平认为，想要了解一家企业非常困难，想要完全了解一家企业更是难上加难。有很多优秀的企业，一开始并没有表现出足够大的发展潜力，这影响了投资者对它们的评估。只有等企业发展体系不断成熟，并且形成一个相对稳定的发展模式，才能够更好地进行投资。普通投资者想要完全了解和看透一家公司，就需要对企业的发展有更长时间的观察和评估，等到企业的发展步入正轨，增长趋势更加明显的时候，就可以趁机买入。

对于多数普通人而言，这种方法非常实用。因为普通投资者缺乏足够的价值评估能力和方法，也无法在第一时间就了解企业的发展状况以及未来的发展趋势。因此最好的方法就是不要急于出手，先静观其变，等企业发展更加成熟时，才决定买入股票。这样做，可以有效降低投资风险。

那么普通投资者应该如何评估一家企业是否越来越成熟，发展趋势是否越来越明确呢？最简单的方式就是：选择一个较长的时间段进行分析。比如可以看看这家公司从上市初期到之后的5年时间，股价的总体趋势是涨是跌。如果股价偶有波动，但是上涨势头非常明显，那么再结合企业的商业模式、企业文化、基本面进行分析，或者结合未来现金流折现进行预估，看看自己是否可以出手投资。

当然，也可以选择从企业创立开始，到上市，再到当前的时间段，看其是如何发展的，企业的变化有哪些，最大优势是什么。通过仔细的对比和分析，就可以找出企业在不同阶段的发展状况，了解到企业的发展潜力。

有的人喜欢看账本，了解企业的账面价值，或者看企业最近几年挣了多少钱，这种方法也有一定的帮助，但很容易导致人们在投资时做出错误的判断。很显然，单纯看企业的业绩是难以证明其是否已经走上发展轨道的。想要判断发展局势明朗与否，需要更多定量分析带来的数据支撑以及更全面的定性分析，而这些，需要经验的积累，大家可以在投资中多尝试一下，让自己熟能生巧，越来越得心应手。

## 选股时要看十年以后的发展情况

在投资的时候，很多人都不清楚自己是不是应该进行投资。有的人喜欢看企业三年以后会发生什么，五年以后又会发展成什么样子。还有一些人，只关心三天以后的股价是什么情况，企业发展会遭遇什么"瓶颈"。在评估企业价值的时候，如何用时间来衡量和评估企业，往往是一个大难题。

在人们的印象和常规思维中，观察的时间越长，评估的难度和投资的难度似乎也会越大。在他们看来，预测一个企业未来的发展情况，观察的时间肯定越短越好。预测三天以后的情况，肯定要比预测五年以后更准确。但实际上，对投资来说，观察的时间越短，预测难度越大，投资的风险也越大。为什么很多人在进行短期投资或者投机时，往往会遭遇更大的风险？因为时间越短，发现企业发展波动的难度越大。相比之下，时间拉得越长，对于企业发展趋势的把握则越合理、越准确。

2018年10月，段永平同网友进行交流，其间谈到为什么要用更长的时间跨度来看企业的问题。他说道："简单举个例子吧，我们买茅台时（大概12~13年），是不知道两三年内茅台会怎么样的，但我可以大概率肯定，茅台十年以后会不错。现在其实还不到十年呢，效果就已经不错了。其实用老巴那句话来解释可能就容易理解些了：知道什么会发生比知道什么时候会发生要容易得多。很多事情，不管是好事还是坏事，给它十年，大概率就会发生了，三年则未必，但三年会发生的概率显然会比三天高，所以能看三年也好啊，肯定好过看三天的。"

在段永平看来，一家企业的发展趋势是可以评估的，因为从长远来看，企业会发展成什么样子是注定的，看准了的情况是一定会出现的，但是具体到每段时期或者每一天的发展情况，评估起来却非常困难。就像很多人都知道苹果公司在未来十年可能会发展得很好，知道比亚迪仍旧会在未来一段时间成为国内新能源汽车市场的领先者，投资者只要相信这些公司未来一定会做到什么程度就行，而不用纠结什么时候会达到一个巨大的体量，或者具体在什么时候实现业绩翻倍。

就像当年，巴菲特在购买可口可乐的股票时，遭到了很多人的反对。大家觉得可口可乐的发展并不乐观，股价也一直在下跌，弄不好一两个月后就会出现巨额的亏损，甚至这家公司在未来一两年内都会麻烦不断。面对大家的质疑，巴菲特并没有退缩，他坚持认为可口可乐是一家好公司，未来会成为一家伟大的饮料公司，未来一定会成为市值最高的企业之一。他可不在乎什么时候股价会下跌，什么时候股价会上涨，他知道股价一定会在未来大涨就够了。巴菲特直接甩出了这样一句话："如果你给我1000亿美元用以交换可口可乐这种饮料在世界上的领先权，我会把钱还给你，并对你说'这可不成'。"对巴菲特来说，可口可乐就是一个非常出色的投资项目，它的优秀是早就注定了的。

像段永平和巴菲特这样的人，之所以一直强调要至少看到企业未来十年的发展情况，就是因为他们更希望看到企业未来一定会发生什么。这和一个小孩子的成长一样，人们只要知道一个孩子未来有可能会长到一米八以上的高个，而不用关心他是17岁还是18岁长到那个高度。这是长线投资的一个基本理念，也是人们选股的一个基本标准。在投资的过程中，最重要的就是给企业估值，而这种估值往往需要建立在更长时间的基础上，仅仅看企业未来三天或者三年时间，是无法做出合理估值的，因为这种短期的变动并不代表整体的发展趋势。段永平说投资很简单，只需要看看企业在未来是否会挣钱，股价是否会上涨，而不用去计较什么时候会上涨，原因就在于此。

普通投资者之所以很容易陷入投机思维，就是因为很多人只看到几天后的情况，只想着几天后的变动，从一开始就想着如何把握住最后几天的变化契机，想着几天以后企业会变成什么样子，这样当然很难真正做到价值投资，投资时机的选择也很容易出错。

假设一家企业的股票为40元每股，估计几个月以后，公司内部材料不足的问题会影响股价，导致股票价格下跌到30元，甚至更低的水平。这个时候，很多投资者就会毫不犹豫地在40元的价位上出售股票。尽管半年后，公司的材料问题集中爆发出来，导致股价下跌到25元。但是随着进货渠道的拓展，材料问题得到解决，公司的股价很快上涨，并突破了50元的价位。如果人们可以看到10年或者20年后公司的发展情况，就会意识到这是一个股价完全可以突破330元的优质公司，或者说会意识到这是一个能够成长为行业第一的公司，那么，此时他们就会坚定地持有这只股票。很显然，当投资者愿意将目光放得更加长远时，便能够有效缓解投机心理，并有效降低投资风险。

段永平不喜欢投机，也不赞成人们进行投机和短期投资。他建议投资者尽量选择长期投资模式，而在进行长期投资时，投资者在了解到企业未来10~20年的大势后应该尽早买入，且不必考虑什么时候出手卖掉股票，完全可以耐心等待企业的发展，借助企业的发展来提升自己的投资回报。

## 投资时机很重要，但不要试图抄底

2021年8月4日，段永平在个人的雪球账号"大道无形我有型"中发布了一条重要的信息："今天买了点腾讯控股，再跌再多买些。"这个消息很快在业内引发热议，因为段永平对腾讯公司的看好由来已久，但直到2021年，他才选择出手。从这个方面来说，段永平还是看好处于股价高位上的腾讯，不过也证明他此前的确是浪费了一个好的投资机会。

事实上，早在数年前，段永平就曾看好腾讯的发展。那个时候的腾讯股价只有6港元左右，在股价上涨到将近8港元时，段永平亲自去拜访过马化腾，可是这一次的拜访让段永平产生了一个错误的想法。他认为腾讯的发展会有波动，股价肯定还会回调，也许自己应该等到股价继续回调下跌后出手，结果腾讯股价一路上涨，直接涨到了30港元。这时，段永平仍旧期待着股价回调，不料它又继续涨到了50港元。眼看着投资成本越来越高，他有些不甘心，只好继续期待着股价回调。事实上，此时的腾讯公司已经一发不可收拾，快速蹿升到150港元。到了这个时候，段永平才后悔不已。某次在接受采访时，他非常懊恼地表示："我没有买，我从头到尾就没有买过腾讯。你说我6元钱买它的话，到现在得多少倍了，20多倍啊。"

其实段永平并没有料到，真正值得他懊悔的事情还在后面，由于股价不断上涨，段永平更加不敢随便投资腾讯，只好一拖再拖。有意思的是，在2018年，腾讯股价曾经直接从475港元跌至251港元，但是段永平没有出手，他当时更看重发展更好的苹果，或者说他依旧在等着腾讯下跌。可没过多久，腾讯的股价就快速上升到了773港元，段永平再次后悔不已。直到2021年8月，腾讯股价达到456.8港元时才出手，而此时距离当初的6港元，已经整整翻了70多倍。而到了2022年7月，股价已经下调到335港元，虽然段永平并不担心，因为从未来发展来看，腾讯仍旧是一家非常出色的公司，它的股价肯定还会上涨的。不过，正如段永平所说，当初错失投资腾讯的机会，是他最大的遗憾之一。

如果说，段永平错失投资腾讯的最佳机会就是因为想着抄底，最终因为股价不断上涨而一拖再拖，那么在投资万科时，他虽然千方百计把握住了抄底的最佳时机，但也因此错失了继续投资的机会。因为在抄底之后，股价很快上涨，以至于他根本没有时间反应，投资规模很小，导致自己的投资回报很有限。事实上，如果他可以早点入手万科的股票，而不是一直想着抄底，那么他就可以在股价下行阶段不断购入，虽然购入股票的均价比抄底时更高一些，但购入的数量肯定要多很多。

正因为如此，段永平后来反复强调："抄底是投机的概念，是在看别人，价值投资者不应该追求抄底，不管别人怎么看，只管在足够便宜时出手。"

在现实生活中，很多投资者都会犯类似的错误，他们能够意识到自己应该把握住波动的机会赚取差价，因此，当股价开始下跌的时候，就会想办法等着它下降到谷底，然后选择在股价最低的时候购入股票。从理论上来说，这是一个非常合理的策略，可以保证投资效益的最大化。但问题在于什么时候是谷底，最低的股价究竟是多少，谁也猜不到，只能凭运气去抄底，而这样做，往往会错过真正的谷底。

假设一只股票处于50元的价位上，之后从50元，到45元，到40元，再到33元，一路下跌，在跌到30元的时候，投资者是否应该及时出手购入股票呢？谁也想象不到30元是不是谷底，也许它还会下降到28元，也许人们在期待着继续下降时，股价触底反弹，很快上涨到35元。

在现实的投资中，人们很难预测和把握住顶点和谷底究竟在哪里，仅仅按照趋势去猜测是很难的，更何况股票可能会出现稍微的波动，有可能在下跌的过程中偶尔出现上涨，之后又下跌，这种复杂而频繁的变动很容易混淆人们的思维和判断。在追涨不追跌的心态下，多数人对于抄底的把握能力实际上非常糟糕，很少有人可以真正实现抄底，而且即便实现了抄底，投资的股票往往也不会多，这就使得他们的整体收益非常有限。

相比之下，段永平的做法更加高明，他更加侧重于计算企业的内在价值，只要觉得当前的股价比企业内在价值所表现出来的要低，他就会产生强烈的投资意愿。而为了实现投资成本的最小化，他更加倾向于在观察中分批次买入，股票下跌一次就购买一次，通过这种方式来投资，效果更好，风险也更低一些。对多数投资者来说，这种方法其实要比抄底实惠得多。

比如，一个投资者预测到了谷底为20元，因此当股价从40元下跌开始，他一直按兵不动，等到股票下跌到了20元，才出手购入20000股。事实上，他虽然猜到了谷底在哪里，但由于没有百分之百确定，他只是保守购入了20000股。当股价开始反弹上涨时，他没有继续出手，最终股价上涨到了80元，他依靠这一次抄底，顺利赚取了120万元。

而另外一个投资者，没有刻意预测股价最低会降到什么程度，只是隐约觉得40元的股价并不算高，加上存在继续下跌的可能，因此决定分批次购买股票。在股价下跌到30元时，开始购入5000股；在股价下跌到27元时，继续购入5000股；等股价下跌到了23元时，又购入10000股；当股价跌到20元时，再次出手购入10000股。最终当股票上涨到80元时，他已经挣了25+26.5+57+60=168.5万元。相比于直接抄底，很多优秀的投资者更加喜欢这种按批次购入的方式，它兼顾了安全和盈利，比盲目抄底更加合理。

只要进行对比，不难发现抄底不仅精确度很低、风险较大，收益也不会太高（因为不会有太多人敢于大手笔抄底）。投资者应该远离抄底模式，不要冒险去博一个最低价，以免适得其反。

第七章

炒股者首先要调整好自己的状态

## 投资时，要尽量保持简单

如果对段永平的投资经历进行分析，就会发现他接触投资的时间并不长，和那些一二十岁就开始投资的人相比，段永平40岁以后才接触股票，而且他并没有刻意花费大量时间去了解股票究竟是怎么一回事。和那些花费大量时间了解专业知识和技能的人相比，段永平算得上是一朵奇葩，并不曾学习过多少烦琐、复杂的理论知识。此外，多数投资者往往会花费大量时间分析标的公司的情况，会运用复杂的公式进行计算，而段永平则显得很另类，他更加喜欢运用一些简单的方式来解决投资方面的问题。

比如在投资茅台时，段永平选择了重仓这只股票，很多人都觉得段永平久居国外，未必能够看懂茅台，选择大手笔投资可能会是一个糟糕的选择，至少没有经过认真考察和思考，也没有经过详细的估算。大家都认为，段永平的这笔投资实在过于简单了，显得有些草率。

对此，段永平回复说："其实愿意化繁为简的人很少，大家往往觉得那样显得没水平，就像买茅台一样，没啥意思。"在谈到自己投资茅台的时候，他的想法很简单，就是看10年以后茅台会是什么样子，然后决定购买它的股票。此时，又有不少人担心国家的禁酒令、酒类的质量问题以及消费税率变动之类的"黑天鹅事件"会影响茅台的股价，甚至影响茅台的发展，但段永平依旧非常淡定地说："当时往后看十年，黑天鹅在哪里？我就是那个时候开始买茅台的。"

有人还是不放心，询问他如何去寻找一家比茅台更好的公司，如何去更换投资标的，对此，段永平没有说太多的话，也没有要求做什么细致的数据分析和对比，而是非常简单地说道："悬赏1000元，A股除了茅台外，还有没有类似的商业模式特别好，拿个10年都不用睡不好觉的公司？请列举理由哈。标准很简单，10年后回头看，今天用茅台去换合算不？不合算的就算了。"

在投资茅台以及其他企业时，段永平最常说的一句话就是"看它10年以后会怎样"。对于段永平来说，了解一家公司的未来发展情况，具体来说就是看企业文化和商业模式，这是他给企业估值的一个重要指标。

为什么段永平试图将投资问题简化呢？因为投资本身是很简单的事情。和其他很多投资者相比，段永平对股市的一些术语并不关心，他也不认为这些难以理解的复杂术语就可以帮助投资者更好地理解股市投资。他曾经批评那些喜欢将投资问题复杂化的人，说这些人一想到投资，就会冒出一大堆似懂非懂的术语，完全忽略了投资的内涵。其实，投资就是价值投资，买股票就是买公司，买公司的价值，或者说就是买公司未来现金流折现。而在计算未来现金流折现时，往往也会有很多人选择进行各种复杂的计算，可这些计算并不能得出一个精确的结果，还可能引起误判。从来没有人看见巴菲特使用复杂的公式计算未来现金流折现，也没有人看见他将各种复杂的分析结合起来投资，但他依然准确地把握住了很多优质股。

在谈到简化问题时，很多人经常将其和专业素养结合起来，认为专业能力更强的人，在投资和管理时会更加出色，更容易保持简化的风格。但事实上并非如此，比如雅虎的创始人杨致远，应该说是一个非常专业的投资人和管理者，对相关的业务也非常懂，但是段永平却认为他把业务搞复杂了。奇妙的是，这个世界上有很多看起来"不懂业务"的人，反而能够经营管理好一家公司，并做出合理的投资。

普通投资者想要做到简化，可以从以下几个方面入手。

首先，就是简化信息。很多投资者为了做好投资准备，往往会千方百计搜集和企业相关的信息，但很多信息实际上并没有太大的价值，反而会影响个人选股和估值的效果，甚至会产生一些误导。所以，投资者一定要排除那些不必要的信息，抓准重点，比如了解基本面，了解企业文化和商业模式，了解现金流，至于其他的信息不用知道太多。

段永平说过："今天开车听到广播时突然想起投资的不必要信息是非常多的，比如什么20天线、50天线啊，什么超买超卖啊，等等。凡是过几年回头看觉得很无聊的信息都是应该被排除的。"删除不必要的信息，就是给自己减负。

其次，简化价值投资的估值方法和策略。段永平认为，很多人会将投资想象成很神秘的事情，所以总是把投资弄得很复杂。其实，投资就是价值投资，不应该复杂化。他说："价值投资很简单、很好学，巴菲特就是从导师格雷厄姆那里学到的，只有三点：'我认为，格雷厄姆有三个基本的思想，这足以作为你投资智慧的根本。我无法设想除了这些思想观点之外，还会有什么思想能够帮助你进行良好的股票投资。这些思想没有一个是复杂的，也没有一个需要数学才能或者类似的东西。'"

比如，投资人罗比·伯恩斯原先是一个记者，他从1999年开始接触股票，然后很快就赚取了超过19万英镑的利润。尽管和一些顶级投资人相比，这点收益无足轻重。但伯恩斯的成功之处在于：他提出了一个很简单的投资方法：超级富翁假设法。他假设自己是一个超级富翁，有能力买下任何公司或者想买多少就买多少。当然，这并不意味着自己是一个冲动鲁莽的人；相反，自己是一个非常理智的投资人，总是想着以合理的价格买入标的公司的股票。

伯恩斯在判断一家公司是否值得投资时，会重点看公司的盈利情况，然后看看这家公司的市场价值。假设一家公司的利润是1000万美元，而市场价值为1亿美元，那么他就会毫不犹豫地买入；如果一家公司的利润是1000万美元，而市场价值高达2亿美元，那么他就会谨慎对待这笔投资，因为他可不希望自己花费2亿美元购入只有1000万美元利润的股票。

在很多时候，选股和估值就是非常简单的一些套路，只要理解了，就可以用自己的方式进行简单估值。只有不了解的门外汉，才会想着将问题复杂化。

最后，要将投资理念简单化。投资者不需要记住那些复杂的理论知识，有时候只需要掌握一些基本的规律即可。比如，股市基本上就是价格围绕价值上下波动，投资者要做的就是：在价格比价值便宜时大胆购入，贵的时候就卖出。这样一种简单的投资理念，往往会带来更高的效率。

不过，简单并不意味着容易。许多人将简单和容易联系到一起，但在段永平看来，简单往往也是最难的："投资很简单，但是不容易。简单和容易从来都不是一回事。比如一个好的高尔夫运动员（其他的运动员大概也差不多），一天大概要练习8~10小时的球，常年如此，简单而枯燥，但绝对不容易。"

段永平说过，他自己虽然一直在简化投资的方法和流程，但实际上背后凝聚了很大的心血，花费了大量的时间和精力。虽说大道至简，但要真正做到简化，也需要长时间的经验积累。他说："简化一个复杂的问题绝对不是一件容易的事。我的很多简单的结论是花了很长时间得出来的，千万别以为我是一眼就看出来的。"对于投资者来说，想要做到简化，就需要在长期的实践中慢慢积累经验，掌握技巧，这样才能更好地提高投资效率和精确度。

## 投资时，价值观很重要

如果细心观察，不难发现，但凡优秀的投资者，无不是有大智慧的人。所谓的大智慧，其实并不是说这个人足够聪明，而是说这个人足够善良，能够做对的事，能够在不违背法律和道德的情况下做事。这样的人没有太多的私心，不会为了一己之私去损害别人的利益，懂得什么是正能量、什么是主流价值观，总是能够在符合社会主流价值观的前提下进行投资。

很多人认为段永平身边的人都成就非凡，从网易的大佬丁磊，到拼多多的创始人黄峥，还有步步高系的陈明永、金志江等人，哪个不是人中龙凤？这些人都是因为学习并理解了和段永平差不多的价值观，才获得了成功。对此，段永平说道："大家是同道中人，有着共同的价值观（改变人的价值观几乎不可能）。但凡几十年如一日坚持做对的事情（或者叫坚持不做不对的事情），同时一直努力把事情做对，有个不错的结果是大概率事件。价值观是道不是术，很难学的。假装一下的人坚持不了很久。黄峥的公司看起来似乎运气更好点，才三年就这么厉害，但实际上黄峥十几年前对企业的理解就已经很好，且这个公司之前的公司就做得不错。其实黄峥十几年前问过类似的问题，看来当时他确实明白了。"

在这里，段永平谈论的价值观，核心就是做正确的事，它主要分成三个部分。

第一，做个胸无"大"志的人。

段永平认为："首先要强调的是，这里的'大'是好大喜功的'大'。所谓胸无'大'志，指的是脚踏实地的做事态度。我们要胸无'大'志地去做自己喜欢的事情。同时，还要努力去喜欢自己在做的事情。我觉得，只有在做自己喜欢的事情的时候，才能激发自己最大的潜力，所以每个人首先要花很大精力去寻找自己喜欢的事情。同时，我也要强调后面一点：喜欢自己在做的事情。大学刚毕业就马上找到自己喜欢的事情，是可遇不可求的。很多时候，当我们投入到自己的工作中后，会慢慢找到很多乐趣，在努力的过程中，会渐渐发现自己喜欢做什么。所以，努力喜欢自己在做的事情很重要。胸无'大'志，需要大家慢慢体会。"

按照他的说法，一个投资者必须热爱自己的工作，只有保持热爱，才能持续输出，才能保证输出的质量；如果不是出于喜欢，而仅仅是为了挣钱，那么投资往往会让人感到苦恼和挣扎，投资者最终可能会进入投机的状态之中。

第二，做个有所不为的人。

段永平说："我们有句话叫作'有所为，有所不为'。我们常常注意到要'有所为'，但我要强调的是'有所不为'。我很早就听说过，要做对的事情，然后把事情做对。在经历了这些年，经历很多次的头破血流之后，我才开始真正明白这句话是什么意思。所谓做对的事情，就是知道是错的事情绝不要做，知道做错了马上要改。这个说起来容易，做起来困难。知道做错了马上改，不管多大的代价，到最后往往是最小的代价。我看到很多人明知是错，犯了错之后却抱着侥幸的心态，结果浪费很多年之后要付出更大的代价。希望大家不要碰到这样的情况。很多人问我，为什么我们公司在消费电子领域这么多年之后一直存在，我们就是守诚信、平常心、坚守本分。本分就是有所不为的意思。把事情做对，本身是个学习的过程，这个过程当中是要犯很多错误的。有种说法是'不怕犯错误'，我们做对的事情时，要避免犯错，但把事情做对的过程中会犯很多错误，这个大家要理解。还有个说法是'永不放弃'，就是要坚持对的事情，如果是错的事情，要立即回头。"

在这里，段永平谈到了本分，而关于本分，他曾经说起过自己经历过的一件事：早在他担任步步高总裁的时候，公司为了拓展品牌知名度，曾经花250万美元的重金邀请好莱坞动作明星施瓦辛格代言自己的产品，并且直接将广告投放到了中央电视台。正当大家都在为这一次的合作而欢呼时，没想到很多观众打电话投诉，这些观众认为在中央电视台播放外国人主演的广告并不妥当。在那个年代，人们的思想还比较保守，因此央视只好撤销了这支广告。

此前，步步高已经支付了一笔125万美元的酬劳给施瓦辛格团队，步步高决定不再支付剩余的125万美元，原因即步步高的广告不能在电视台播放，双方的合作没有完成。经过一系列的争吵和官司，施瓦辛格的团队最终同意免除40万美元的费用，并签订了免除协议。可是当对接施瓦辛格团队的负责人将双方重新签订的协议让段永平签字的时候，段永平直接火冒三丈，认为负责人的做法等于让公司违背了契约精神，这会对公司的品牌文化造成严重的损害。他当即要求公司把免除的40万美元交还给对方。当负责人把钱如数交还给施瓦辛格时，施瓦辛格团队都对段永平的为人感到佩服。

多年来，段永平一直都本本分分挣钱，绝对不去做违背法律和道德的事情。他曾经在演说中这样说道："我觉得很多体育项目与经营企业比较类似。围棋有一个很基本的概念，那就是一定要有'根'，没有'根'向外发展，就很容易被人抄后路。我们很多企业就有这个问题，基本功不扎实，就走向世界。尤其围棋中有一个核计叫作'本手'，就像我们企业'本分'，就是不要去占别人的便宜。很多人都知道'本手'重要，但不知道'本手'在哪里，这是能力的问题。"段永平在创业时如此，在投资时同样如此。本分实际上就是一种踏踏实实、勤勤恳恳做事的态度，不要花样，不搞投机，保持稳健。

第三，做个正直的人。

段永平认为，一个人无论是否能够做到胸无"大"志，无论是否能够做到本分做人，最基本的一点是做个正直的人。一个正直的人，往往可以做到一生坦然，问心无愧。这是投资者最重要的价值观之一。

除了以上几点之外，还有一点也很重要：投资者要树立正确的人生观和价值观，要正确看待投资在生活中所扮演的戏份。段永平建议投资者将投资当成生活的一个面，而不是全部，不要将时间全部放在工作或者投资上。聪明的人，会将投资当作享受生活的一种方法。在他看来，投资者一定要搞清楚自己的目的是什么，但在努力的时候不要将其作为生活的全部，更没有必要赌上一切去实现某个目标。如果一个人全身心投入到投资活动中去，而忽略了对家庭的关注，忽略了对生活的享受和体验，那么他最终遭到反噬，几乎是难免的。

## 主动向优秀的人学习

在投资的时候，投资者往往需要自己去领悟投资方法。而领悟力如何，一方面是天赋使然。比如段永平在投资方面就有一定的天赋，很多人研究股市一辈子，到头来还是投资什么亏损什么，投资业绩非常糟糕。而段永平在接触了价值投资后，很快就掌握了其中的精髓，并依靠自己所学知识迅速积累起了亿万身家。另一方面，领悟力也跟投资和学习方法有关。有的人在学习投资时，要么一味听从投资专家、投资助理等人的建议，要么一味埋头苦读大量投资方面的书籍，但始终不得其门而入。相比之下，段永平的学习方法很简单，那就是多向那些优秀的投资者学习和请教，结果他成为收获颇丰的投资大家。

自从接触投资以来，段永平最崇拜的人就是巴菲特，并曾多次向对方请教投资问题，最经典的一次就是拍下了巴菲特午餐。美国西海岸时间2006年6月30日上午11点，第四次巴菲特午餐竞拍大会经过数轮报价，最终被一位名叫fast is slow的网友以62.01万美元的报价拿下，这个网友就是段永平。当时有很多人都很好奇段永平为什么要花那么多钱和巴菲特吃饭。不少人觉得他只是为了作秀，认为这样一顿饭除了博得大名之外，并没有什么价值。可段永平并不那么想，自从移民美国之后，他远离了自己的步步高公司，开始接触投资，而这个时候，他无意中读到了巴菲特的投资理念，产生了很大的兴趣。他想，读巴菲特的书，远不如直接向巴菲特当面请教更有效率。因此，他千方百计花高价拍下了和巴菲特共进午餐的机会。

对于外界质疑他花那么多钱吃一顿饭的事情，他并没有想得那么复杂，毕竟自己在创业时早就声名在外。他觉得和巴菲特吃饭是为了近距离接触偶像，获得更多宝贵的经验，这是一顿饭不能比拟的。在他看来，这顿饭的价值远远超过了62.01万美元，甚至远远超过了自己的身家。

在那之后，他多次和巴菲特进行交流，对巴菲特的投资理念掌握得越来越好，且在很多投资项目上看得比巴菲特还要精准。除了向巴菲特学习之外，段永平还经常向阿里巴巴创始人马云学习。在他看来，马云身上有很多成功企业家的优秀特质，和这样的人交流，自己往往可以获得更多有价值的知识。尽管这些知识可能非常散，没有具体的指向，但可以帮助自己得到完善。

在谈及马云时，段永平就曾直言不讳地说道："马云是我最欣赏的企业家，或许是我自己觉得我们对企业文化的理解在很多地方高度相似吧，但他的实施和表达在很多方面确实要强很多。我不知道榜样的定义是什么，好像心里也没有个榜样，学习某个人并不是想要成为某个人，因为谁也不可能成为某个别人。我觉得其实也没有谁比谁更值得学习的说法，因为每个人从别人那里学到的应该是能够提高自己的东西。我其实也有一些比马云强的东西，比如乒乓球或高尔夫，呵呵。所谓学习，并不是'去其糟粕取其精华'式的学习，那样的学法只能让在自己原来的圈子里打转转，因为人们往往不知道哪些东西是精华。"

而在谈到具体应该如何学习时，段永平说道："我不知道，这都是

'猿粪'（缘分的谐音）的事，有点像学价值投资，其实是学不会的，但有悟性的人可以提高而已。反正每次和马云聊天我都有不少收获，他看问题的角度确实很独到，确实思考得很深入。人们（经常包括本人在内）一般很难open自己去学习别人，即使对方做得很好，也老是想办法给自己找个不用学他的借口，有趣得很。"

对于段永平来说，向别人学习似乎比看书来得更加直接。对于多数人来说，学习榜样也是一个非常好的机会，因为优秀的投资者在经年累月的实践中积累了丰富的经验，他们知道应该怎样选股，知道如何估值，知道什么时候应该保持理性，也知道如何去躲避风险，这些内容常常是书本无法告知的。对于投资者来说，如果有一位经验丰富的优秀投资人从旁进行指导，自然会少走很多弯路。

在请教和学习他人的时候，可以重点从以下几个方面入手。

首先，要明白如何规避风险。对于投资者来说，风险规避是投资的第一要务，比如何挣钱更加重要。因此，投资者可以向经验丰富的前辈和投资界精英请教如何规避风险的问题，比如什么企业最好不要去投资，什么样的投资方式存在风险，什么样的行为会危及本金，企业估值要尽量避免犯下什么错误。了解到什么不能做，有时候比了解要做什么更加重要，因此，规避风险的相关问题必须是提问的重中之重。

其次，要请教一些估值的方法。对于投资者来说，给企业估值是最重要的工作，估值的合理性直接决定了投资是否能够挣到钱。如果出现估值上的重大失误，就可能对自己的投资产生负面影响，导致亏损。因此，对于经验不丰富的普通投资者来说，必须想办法请教估值方法。

再次，要请教一些关于信息的筛选的方法。简单来说，就是向那些有经验的人请教如何高效搜集高价值信息的方法。这里面涉及从哪里获取高价值的信息，如何屏蔽和删除那些无价值的信息，如何辨别误导性的信息，如何与人分享高价值信息。掌握了这些方法，有助于提高个人的投资效率和成功率。

需要注意的是，向优秀的人学习并不意味着一味模仿和复制，每个人面临的投资情况不一样，单纯的复制并不会带来成功，真正优秀的投资者会结合自己的理解和实践经验，形成属于自己的风格。

## 独立分析，不要轻信专家的话

自从股票诞生以来，股市也开始蓬勃发展，而在发展的过程中，慢慢出现了很多投资机构，出现了相应的监管机构，同时也产生了一大批负责提供投资咨询的相关机构。这些咨询机构中有很多所谓的助理和专家，有很多负责提供投资建议的权威人物，而这些机构和专业人士的存在，恰恰迎合了市场上的咨询需求。因为多数人都期待着自己的收益可以超过市场的平均水平，而想要做到这一点很困难。多数人缺乏投资能力，对于股票也是一知半解，于是他们便寄希望于那些更具权威、更加专业的专家，给他们传授投资的经验和方法。

但是，越是相信投资专家和投资助理的人，往往越是难以获得成功。这些投资者，往往只能赚取一个平均的回报，因为如果投资助理的话很灵验，那么最终会有很多人相信他们的话，按照他们的指导进行投资，这样便会导致大量投资者持有相似的投资项目。这种大众化的投资模式，最终会产生平均收益，但收益实际上还不得不支付大笔咨询费用，扣除交易和管理费用，他们说不定亏损不小，而最终受益的，往往是那些专家和助理。

这样的说法并不是没有道理的。要知道，仅仅在十几年前，美国的投资咨询市场上就创造了千亿美元的收益,可以说大部分寻求咨询的股民,相当于将钱交到了专家和助理手中。在中国也是一样。据说,在2020年下半年,中国股民的数量就已经突破了1.7亿。而大部分股民并没有炒股的能力,他们将希望寄托在运气、朋友和专家的建议身上,他们喜欢观看那些分析股市的电视节目,喜欢参加各种炒股和投资的专家付费群,喜欢阅读各种关于投资的书籍。当他们支付了大量的费用(如佣金)后,实际上并没有为自己创造更多的收益。

段永平说过:"偶尔会听到有人说某只股票至少会涨10倍,所以计划放10%进去,等等。如果他真相信这只股票会涨10倍,什么理由他让只放10%呢?要么就是他觉得这是投机,所以只放5%~10%?"很明显,这就是一种骗局,如果真的有那么好的挣钱机会,专家们会分享吗?他们还会只想着拿出10%的资金进行投资吗?按照10倍的收益来算,正常人不说百分之百投入,至少也会用90%的资金购买这只股票。

著名投资人罗比·伯恩斯在谈及炒股的陷阱时,就特别谈到了那些有消息的股票。很多股票,往往会放出所谓的内部消息,这一类情况的背后多半有庄家操纵的影子。庄家为了拉高股价,对外释放假消息,投资者一旦买进,股价就会短期内快速提升,看到时机成熟,庄家就会选择在高位卖出股票。此时,股价开始大跌,那些疯狂买入的投资者就被套牢了。所以,伯恩斯建议人们必须对那些上涨的股票进行认真分析,看看它们是否存在被人为哄抬价格的现象。

一个不可忽视的事实是,每次当股市大跌时,多数所谓的投资助理根本无法准确做出预测。事实上,不少人故意提供虚假信息,借此误导股民,为的就是继续炒高股票。这些所谓的专家,往往和背后的操纵者一个鼻孔出气,双方结成利益上的联盟,故意给股民挖坑。

还有一些专家，自己没什么能力，完全依靠所谓的专业知识欺骗股民。比如，多年前，高盛集团发表看空雅虎的报告，使大量投资者受到了误导，引发抛售狂潮，令雅虎的股价一跌再跌。面对如此现象，段永平显得非常理性，他说："我从来没了解过，但感觉投行需要经常写报告，对错没关系，但不写的话分析师就没法混了。至少当年高盛对网易的看法是完全不对的。刚开始看高盛的报告我还有点郁闷，觉得他们怎么老是乱写呢？后来就慢慢习惯了，因为我发现分析师的报告大部分都是胡乱拼出来的。再后来就再也没兴趣看分析师的报告了，并突然明白他们可以做一辈子分析师也退不了休的原因了。"在段永平看来，很多分析师和专家本身就是沽名钓誉之徒，所做的一切要么是故意欺骗，要么是随便应付了事，完成工作而已，明显缺乏可信度。他建议普通投资者远离这些人，不要轻信那些"专家"的话。

普通投资者想要真正在股市中有所斩获，不被"专家"们误导，就要做到以下几点：

首先，主动远离那些投资专家、投资助理，平时不要加入所谓的"专家群"和"荐股群"，更不要相信别人推荐的什么付费群，这类群存在很多托，往往都会帮助设局，引导咨询者上当。其实，只要好好想一想就能知道，如果这些专家真的那么灵验，根本就用不着干咨询，自己完全可以依靠炒股积累起亿万身家。很明显，很多"专家"的身份根本就是伪造的，他们没有真才实学，推荐的股票可能也是和自己存在利益关系的企业的股票。一些"专家"还会提供一些所谓内幕消息，实际上他们大多是拿钱办事、帮忙拉股民的托。至于那些股市分析和盈利图，要么漏洞百出，要么明显是故意造假，根本不值得相信。

其次，多学习、多锻炼。一个真正想要提升自我的投资者，可以向一些前辈或者行业精英学习，看看他们是如何选股的，而不是盯着他们选择了什么股票。因为每个人驾驭股票的能力不同，选择适合自己的股票进行投资，重点掌握一些选股方法和技巧，才是应该去做的事情。最重要的是，人们可以按照自己的理解去投资，按照自己的方法分析企业的价值。通过一些小额度的投资尝试，慢慢积累经验，甚至形成自己的投资风格和投资理念。而且通过自己的学习和实践积累，能够帮助自己学会分辨信息的好坏真伪，能够帮助自己学会整合各种不同渠道的信息，并过滤掉那些毫无价值的信息。

事实上，在股票投资中，领悟能力很重要，人们完全可以靠着他人的指点和帮助，在实践中慢慢了解股市运作的规律，掌握各种投资技巧，然后靠自己的领悟能力去投资，并逐渐形成自己的独门心得，而不是盲从那些"专家"的话。

## 投资一定要保持平常心

在谈及投资心态时,段永平说:"有人问过芒格,如果只能用一个词来形容他们的成功,他的回答是'rationality'(理性)。呵呵,有点像我们说的平常心。"平常心是段永平在创业和投资的时候谈论最多的话题,也是他最看重的一个成功要素,所谓的平常心,指的就是回归事物的本源。

而了解事物的本源不是一件容易的事,这不仅仅涉及个人的能力问题,还涉及个人的思维层次和心理状态,它实际上更多地体现了个人对于生活、工作的掌控力。这种掌控力,有助于人们更好地应对各种情况,确保事情能够按照自己设定的节奏去发展,不会干扰人们的正常生活和工作。

比如,很多人投资的时候,经常会选择一些自己不了解的企业,这种冒险行为严重违背投资的规则。因为一个人是无法对自己不了解的企业进行合理估值的,而不能正确估值的话,又如何进行合理投资呢?投资存在风险,但投资不完全等于冒险。很多人喜欢冒险,尤其是当自己有过成功经历之后,心态更容易失衡。

段永平强调应该平平淡淡地看待投资问题,比如选股时,不必刻意用功去寻找好的机会，不必强迫自己去挖掘高回报率的公司。段永平说他自己很少主动选股，更多时候都是顺其自然，"我采用的大概叫守株待兔法，没有太系统的办法，也不每天去找，碰上一个是一个，反正赚钱也不需要有很多的目标（巴菲特讲一年一个主意就够了）。有时候你感兴趣的目标会自己跳到眼前的。当然前提是我还是挺关心的，总会经常看到各种东西。有时和朋友聊天也会有帮助，每天聊可能就有坏处了。"

在盈利方面，投资者也应该保持平常心，不要过分追求金钱，不要总是给自己设定一个"必须要挣多少钱"的目标。凡事保持理性，不要给自己施加压力。投资是挣钱还是亏损，段永平表现得毫不在乎，绝不因一时的亏损就自怨自艾，不断给自己施加压力。面对各种变故和失利，他始终心平气和，显得波澜不惊。他非常钦佩巴菲特的投资态度。巴菲特说他自己从不关注股灾，当股灾到来时，他甚至连报纸也不看，完全是一副事不关己的做派。他经常告诫众人：一定要控制好自己的情绪。那样一来，个人的投资表现起码至少会好3成。多年来他一直住在奥马哈的老房子里，虽然奥马哈是一个经济不发达的小城市，但可以让他远离华尔街的喧嚣，从而长时间保持心态平稳。在他看来，心态至关重要，人们在投资工作中，需要有一个地方来放松身心。做投资最重要的一项本事就是：每天走进办公室的时候，能够用一颗平常心来看待数字和图表。

段永平认为，平常心才是投资者应该有的心态，投资工作的性质本身就要求人们做到宠辱不惊，注重个人对过程的体验，而不是过分注重结果。

所谓平常心，在于不比较，不过分关注一时的波动，段永平认为："当一个人认为自己可以战胜指数的时候，他可能已经失去平常心了。我觉得好的价值投资者是不会去比的。但结果往往是好的价值投资者会最后战胜指数。很多人在金融危机中都有一些再也回不来的重伤股，巴菲特一个也没有，这绝对不是偶然的，但好像很少人注意到这点。（塞思·卡拉曼在金融危机中也有大胜，他的名言是'晚上睡得香比什么都重要'，但是比尔·米勒却损失惨重！）"

投资炒股本身就要频繁面对波动，这是股市的运作规律导致的，根本没有必要去进行对比，没有必要过分关注一时的起伏。对于价值投资来说，只要把握住了公司未来发展的基本趋势，完全可以静待公司的发展和增值。

段永平一直都在强调：投资是生活的一部分，它不能影响到人们的正常生活。投资者可以适当冒险，但是必须保证最基本的资金安全，保证生活不会因为投资而受到严重的影响。比如，很多投资者由于缺乏资金，就去借贷，通过抵押房屋或出售房屋的方式筹集资金。对普通投资者来说，这是一种非常冒险的举动，一旦出现了亏损，将会带来毁灭性的打击。因此，段永平认为投资者必须在资金充足的前提下进行投资："问题是不用闲钱对生活会造成负面影响啊。我从来都是用闲钱的。老巴其实也是。至少你要有用闲钱的态度才可能有平常心的，不然真会睡不着觉。"

查理·芒格说过："许多IQ很高的人却是糟糕的投资者，原因在于他们的品性缺陷。我认为优秀的品性比大脑更重要，你必须严格控制那些非理性的情绪，你需要镇定、自律，对损失与不幸淡然处之，同样也不能被狂喜冲昏头脑。"段永平认为一个出色的投资者除了拥有出色的判断力和专业的投资能力之外，还有一点非常重要，那就是拥有自律、自控的意志力，能够控制好自己的非理性情绪，能够提高自己的投资效率。

总的来说，投资者必须明确一点，那就是在投资时保持一颗平常心，以平常心来看待投资问题，拒绝受到太多的干扰。比如，段永平非常喜欢松下公司所推崇的素直文化，他建议投资者都要尝试着保持一颗素直心。所谓素直心，是指个人不要以偏见和情绪化的思维来看待问题，凡事都能够保持倾听、宽容、虚心、博爱的态度，能够用心发掘事情的真相。素直心就是平常心的全部奥妙，也是个人投资的终极要求。

## 学习更多的知识，构建多元化思维模型

有不少投资人曾经对投资大师查理·芒格谈到的关于投资者要学习物理学知识的说法表示怀疑，因为物理学和投资根本就是两码事。对投资者来说，无论如何也用不到物理学知识，除非是专门投资一家科技公司，需要适当了解一下这家公司的业务范围和技术优势，但多数情况下，物理学知识根本就和投资无关。

对此，段永平的看法是：物理学里有许多逻辑，有时可以用到投资里，这些逻辑本身是有助于人们更好地理解投资概念的。他还举了一个例子：很多人都相信永动机的存在，但从物理学的能量守恒定律来说，永动机是不可能存在的。

很多有经验的投资者认为：单一思考模式是许多投资灾难产生的根源，段永平对此也表示认同。投资本身体现的就是人们的综合实力，它需要人们尽可能掌握更多不同类型的知识，需要人们掌握各种不同的思维。虽然普通投资者不一定要像芒格那样接触不同的学科，掌握数学、哲学、物理学、自然与工程学、热力学、气象学、法学等知识，但尽可能拓宽视野和延展知识范围也是至关重要的，因为每一种学科的知识都会带来帮助，有助于人们形成一个更加高效的思维模型。

正如芒格所说:"人们必须通过努力学习来掌握更多关于股票市场、金融学、经济学方面的知识,并且要避免孤立看待这些知识,事实上,它们几乎又包含了心理学、工程学、数学、物理学的知识。如果人们愿意打开视角,就会发现不同学科之间的相互交叉特性,不同学科之间具有相互作用,相互补充和加强的特性。只有那些勤于思考和分析的人,才能够从每个学科中总结出其独特的思维模式,把握其内在的联系,并在不同思维模式的结合中做到融会贯通。"

按照他的说法,投资者应该保持开放的思维模式,主动接触和学习更多不同类型的知识,通过对各类知识进行分析与综合,构建更多更加高效的思维模型。更多的知识和思维模型,意味着更多的维度和视角,意味着更加立体的分析能力。对于普通投资者来说,平时多看书,阅读不同类型的书籍,主动向不同的人请教问题,是争取建立复合思维的方便法门。每隔一段时间,不妨对自己所学知识进行分析和总结,了解不同学科之间的共同点,找出彼此之间相关联的知识点,然后在此基础上构建不同类型的思维模式。

段永平自认为看的书不多,且看得不那么仔细,但是他看到书上的很多重要观点后都会记录下来。只要仔细倾听他的谈话,我们就会发现里面涉及的数学知识、经济学知识、心理学知识、哲学知识、历史知识、管理学知识可不少。实际上,正像他自己所说的那样,他并不是一个专业的投资人,但是以往的创业经历、投资经历,以及社会阅历帮助他构建起了一个非常完整的思维模型。

比如,段永平提倡逆向思考,并养成了反向思维的习惯。在他看来,很多人投资的时候,喜欢尝试着了解自己应该做什么、应该怎么做,而段永平则认为,最好的投资方式和选股模式就是反向思考什么不能做。他制定了一个"不为清单"，上面列出来的都是自己不能去做的事情。像不做空、不借贷、不抄底、不投机、不懂的企业不投资、不搞多元化的分散投资，这些都是他不为清单上的内容。

又比如，段永平追求集中投资，这是一种典型的全局思维。投资者不要在乎一时的股价波动，不要在乎短期内是盈利还是亏损，最重要的是看企业整体的发展趋势，看企业最终是否具备增值的潜力。这种全局思维，有助于投资者保持充足的耐心和理性。此外，段永平在分析企业时，总是尽可能从多个方面进行分析和判断，而不会单纯从某个方面入手，从某一个指标入手。他会将定性分析和定量分析结合起来，从企业的盈利，到市盈率，到净资产收益率，再到企业文化和商业模式，到管理者的素养，一个都不放过。他知道只有尽可能拓宽思考的维度，才能保证选股的精确度。

段永平所强调的集中投资模式，严格来说就是一种二八思维。他认为，绝大部分收益都是少数优质企业带来的回报，因此人们应该集中资本投资少数几家优质企业，分散的投资行为只会带来平均收益，影响资本的使用效率。真正聪明的投资者会恰当使用二八法则来投资，把握住少数能够带来高额回报的企业，而不是盲目地分散投资。

简化思维也是段永平看重的。相比于很多人选择复杂的计算和公式，段永平更喜欢做减法，选择最简化的估值方法，选择最简单的分析模式，选择最简单的沟通方式和记忆方法，他不希望把资金管理和投资弄得太复杂。

上述思维模式，对于普通投资者都是很有帮助的。但最为重要的还是多学习，多接触其他类型的知识，借以提升自己的思维能力，构建更加丰富的思维模型。每个人都有适合自己的需求，都有自己擅长的东西，也有自己的兴趣点，因此每个人的思维模型也是不一样的，最重要的是在学习中不断丰富自己的思维，形成自己所需的思维模型。

　　正如芒格所说，投资者并不需要掌握所有的知识，因为这本身就很不现实。芒格真正强调的是，投资者要主动放开自己的思维，拓宽自己的视野，不要给自己设置知识的边界，有时间的话可以接触不同类型的知识，然后经常去思考一下不同知识之间的关联。有必要的话可以用笔记录一些重要的观点，记录一些能够体现深层规律的东西。投资者需要坚持这种学习模式，通过长时间的积累，不难发现自己对于事物的认知又有了更多的角度、更多的趣味，也有了更高的深度。

第八章

**投资股票最重要的是规避风险**

## 积极做好各项风险管控

在投资领域，很多人都强调选择回报最高的项目，但是对于价值投资者来说，管控风险才是最重要的，如何保护成本不受损害，往往是价值投资者最关心的问题。段永平一向认真看待风险的问题，他认为：做任何事情都存在风险，做企业、做投资也是如此。多年来，他对风险的看法日益明确，那就是承受自己能够承受的风险。段永平说过："不冒不该冒的风险，不冒冒不起的风险。"只要投资存在亏损的风险，只要投资可能会带来巨大的风险，他就会谨慎对待，做好风险管控措施。

关于风险的管控，著名的心理学家丹尼尔·卡奈曼和阿莫斯·特威尔斯基在《人们如何在管理风险和不稳定性中完成了非常有趣的工作》一书中提到一个有趣的现象：不少喜欢赌赛马的人，会在赌赛马的最后一天赛会上，加注那些之前不被自己看好的赛马。这听上去很奇怪，为什么大家会选择不被自己看好的劣等马？

丹尼尔·卡奈曼和阿莫斯·特威尔斯基经过调查，找到了原因：原来，在赛马会的最后一天，大部分参与赌马的人都出现了亏损，他们不甘心输钱，渴望在最后一天博一把，因此孤注一掷，将更多的筹码下注在那些原来不被看好但赔率更高的赛马上，想着一把就可以扭亏为盈。

芝加哥大学教授理查德·塞勒和埃里克·约翰逊针对这一现象，做了一项实验，观察赌徒们在最后一天的表现，他们发现了一个现象：

如果赌徒亏了钱，但得知最后一天有机会赢回输掉的钱，赌徒就倾向于冒险下注那些不被看好的马；如果得知即便下注劣等马，也无法赢回所有的钱，赌徒就会对下注失去兴趣。

如果赌徒赢了钱，在最后一天就会合理下注，将收益作为一个亏损底线，只要亏损不超过赢回来的钱就行。如果亏损可能超过收益，他们就会放弃继续赌马。

根据这种情况，理查德·塞勒和埃里克·约翰逊认为，赌徒会将自己在赌博中赢来的钱或者亏出去的钱设想为一个账户，这个账户实际上就是一个安全线，赌徒允许输掉赢回来的钱，但是不允许输掉亏出去的钱。

这种心理，就是典型的赌场资金效应，即依据事先的收益或亏损来决定自己应该做出何种决策。赌场资金效应在生活中非常常见，为了保护资金，很多人可能会做出不合理的决策。比如，人们在找到一个很优质的项目后，可能会在股价增长一部分后，直接取出本金，用挣到的钱进行投资，或者每个月、每个季度固定地取出一笔钱，凑足本金后存起来。这样做，为的就是避免本金受到损害。但这样做，必定使得复利受到影响，导致自己错过财富增值的机会。同样地，当一个优质项目因为股价波动而出现亏损之后，人们会等待股价上涨以实现盈利，填充之前亏掉的钱，然后立即放弃该项目。这样做，直接导致他们失去了继续增加财富的机会。

这种风险管控方式，会让人们错失更多的机会，显得很不合理。在投资领域，人们需要运用更加合理的风险管控机制，虽然保证本金不出现亏损是第一原则，但不能因此就对任何波动产生不必要的警惕心理。投资者应该秉持更科学合理的选股标准和估值标准，在选定优质项目后，就不必对一时的盈亏太过在意，只需要继续持有即可，这样才能真正实现财富的快速累积。

在段永平看来，合理的风险管控应该做到以下几点。

第一，按照自己制定的标准选择优质企业，而不是盲目地按照企业的发展规模和当前的营收来判断，合理而正规的估值方法，是保证自己不会出现误判的前提。很多投资者之所以会面临巨大的风险，常常是因为自己对企业的估值不准确，过高的估值导致自己的投入过大，结果造成了大量的亏损。为了保证估值的合理性，一定要使用科学合理的方法，并且进行适当打折。

第二，一定要确保自己对所做的投资是有足够把握的。比如，自己对相关企业很了解，知道它们会继续发展和增值；或者有足够的能力控制好投资的节奏，能够有效把握住企业的发展规律，懂得什么时候买入、增持、减少或者卖出。还有一点，投资者对于行业的外部环境必须有一定的了解，能够制定应急方案，可以在大环境出现突发情况时做出调整。

第三，要确保自己的资本安全性。比如确保自己有足够的资本进行投资，不会产生借贷行为；或者确保自己有足够的资本承受股市波动带来的损失，也不需要担心自己的亏损会影响其他项目的投资。不妨设定一个止损线，确保亏损达到一定限度时，及时退出，有效限制亏损的额度。

第四，要建立风险评估和分级机制，要明确自己遇到的风险是不是很大，是不是真的会产生严重的影响。如果风险不大，用不着过度担忧，完全可以继续推进自己的投资计划；如果投资风险太大，那么最好的办法就是立即考虑终止当前的投资。

第五，投资者需要培养对投资风险的敏感度，要提前预知到风险的存在和到来，以便提早制定应对措施，做出有效防备，避免风险造成巨大的损失。一般来说，通过经验积累，可以培养起对风险的敏感度。普通投资者也可以看看那些有经验的投资大咖是如何进行风险管控的，通过观察和学习来提高自己的敏感度。

## 拒绝做空标的公司

在投资方面，段永平始终坚持一个原则，那就是不要试图去做空一家公司，因为做空行为本身充斥着很大的风险，很容易给自己带来亏损。

那么，什么是做空呢？

做空是股票期货市场比较常见的一种操作方式，投资者预期股票期货市场会有下跌趋势，于是直接将手中的筹码按市价卖出，等股票期货正式下跌之后再积极买入，以此来赚取中间差价。从理论上来说，做空行为是先借货卖出，再买进归还。一般情况下，正规的做空市场有一个第三方券商提供借货的平台，类似赊货交易。

做空往往适合在价格下跌的波段中获利，通过高位借货进来卖出，下跌之后再低位买进归还，这种方式往往可以在短时间内赚取巨大的差价。但与此同时，风险也比较大，因为做空的难度很大，而且标的公司可能会迅速做出应对措施，加上一些企业和机构会操纵股价，设置骗局等着做空者入局，导致投资者面临巨大的亏损。比如，很多公司的内在价值可能只有10元，但是它们会不断推高股价，使之变成100元。这个时候，它们开始对外公布说企业的内在价值为40元。当投资者相信这些说辞并积极进行做空时，就会面临巨大的风险，沦为被收割的对象。

在谈到做空企业时，段永平曾说起自己遇到的两件事。

第一件事：段永平在很长一段时间，都不是非常看好互联网公司，正因为如此，他一直都想着做空一家互联网公司，在接触投资后没多长时间，他就看中了百度。由于那个时候百度的发展还不那么理想，而自己此前又投资成功多次，心态上过于自信，因此他没有多想，直接投了一笔钱做空百度。但很快他就发现，这笔钱根本没有起到任何效果，于是头脑发热的他继续追加投资，坚持了一段时间之后，他就以惨败收场，不仅自己被架空，而且亏了差不多1.5亿~2亿美元。更致命的是，这笔钱几乎消耗掉了他手头上所有的储备金，简单来说，就是断了他的现金流。这直接导致他在那段时间无钱投资，也因此错过了很多不错的投资项目，前后一对比，亏损的钱让他心疼不已。

第二件事：段永平曾说起自己一个喜欢做空企业的邻居，"我有个邻居（没那么熟），是专门做做空生意的（我搞不懂怎么做哈），前段时间突然问我是否知道这家公司，因为好几个做空公司在做空这家公司，因为这家公司做假账，理由是它成长得太快了。

"我真的让我们教育电子的同事去了解了一下，得出的结论是：这个成长在目前环境下看不出有任何明显不符合逻辑的地方。于是我告诫邻居，中国很大，这点营业额的成长比例其实不是不可能的。

"那时候股价好像是30~40元。前两三个礼拜打球又碰到邻居，问起他是否还空着，他说是的，它的成长太不可思议了，肯定是做假账。

"我看了一眼股价，那天大概80元。我完全不了解这家公司，这里我想说的是：'最好别做空哈！这个世界有很多你不懂的事情，为什么要跟自己过不去？'"

在面对做空时，段永平的态度很坚决，那就是千万不要去尝试，即便是经验最丰富的人，也不值得通过做空的方式盈利。在他看来，做空是一种高风险的行为，而多数人根本承受不起它的风险和危害。段永平曾经这样说道："投资不需要勇气，当你说需要勇气时，你就危险了。第一，做空有无限风险，一次错误足以致命。第二，长期而言，做空肯定是不对的，因为大势一定向上。第三，做空犯错的机会只有一次，一次犯错，全部归零，何苦呢？"

被誉为美国历史上最著名的"大空头"利弗莫尔，一生中经历过三次破产，而这三次破产都是因为他做空股票和期货造成的。每当美国金融市场出现衰败时，他就会大举做空金融市场，并获得不菲的收益，可是由于美国经济的强势恢复，他最终遭遇严重的失利。利弗莫尔是一位投资大师，但也抵挡不住做空股市的诱惑，遭遇三次破产。

投资大师们尚且如此，普通投资者就更不要随意进行尝试了，冒险做空的行为只会让自己面临巨大的风险。人们必须意识到一点，企业的估值很难，加上有人在背后推动股价上涨，很容易使人们做出误判。

另外，即便出现了比较好的做空机会，多数人也没有能力把握住，因为做空者需要对市场整体趋势的发展做一个基本的研判。简单来说，就是要懂得预测股市下跌的趋势，或者要懂得判断一家公司的价值被高估（股价迟早会下跌）。但如果股市一直在波动之中，下跌之后很快又会反弹上涨，那么对企业的估值就会很难做到客观，盲目做空只会面临失败。还有一点，做空者会利用下跌趋势买进，但下跌趋势中难免会出现波动，有时候股价会短暂上涨。投资者企图利用好这种非理性的变动，赚取更大的差价。但实际上想要掌握波动的规律，并且准确把握住波动的点，非常困难，不仅仅需要丰富的经验，还需要运气。所以，普通投资者最好还是远离做空，即便是面对一些价值被高估的企业，也不要心存侥幸。

## 拒绝使用杠杆，拒绝借贷和负债

在投资的时候，不少人通常会选择通过借贷来投资股票。他们认为，股票的投资回报比较大，远远超出了借贷产生的利息，只要自己在股市中可以挣到更多钱，就不用担心借贷的事情，借钱反而是多多益善。

假设某个人估计股票投资可以在短时间内给自己带来超过40%的收益，为了让自己获得更多的盈利，他可能会将自己存下来的50万元投入股市，然后额外借贷50万元去炒股，一年的还贷利率为10%，半年还款的话为7%。按照他的设想，也许6个月后，自己就可以拥有140万元，然后扣除50万元的借款和3.5万元的利息，自己就能够轻松挣到36.5万元（140 − 50 − 53.5）。

按照这种思路，他还可以继续借贷，因为股票挣到的钱远远超过了借贷产生的利息，自己借得越多，挣得也就越多。事实真的如此吗？很显然，在现实生活中，这种逻辑常常是站不住脚的。原因很简单，人们所强调的股票收入高于借贷利息本身就存在问题，因为股票投资的风险很大，不确定性因素太多，没有任何人能够保证自己一定可以从股市中挣到钱，即便是顶级的投资人，也曾数次在股市遭遇重大挫折。今天能在股市中挣到钱不代表明天也可以挣到钱。今天挣到了多少钱，不代表明天也可以挣到同样多的钱。那些试图想着靠借贷就能够长期盈利的人，本身就过于盲目自信和乐观。

即便那些通过杠杆和借贷关系快速积累起财富的人，同样也需要面临一个问题：一旦亏损，借贷本身就会产生额外的损失，因为借贷在放大收益的同时，也具有放大亏损的效果。简单来说，金融杠杆是一种通过借贷来放大投资的行为，比如很多投资者在购买股票、期货等理财产品时，为了获取更高的收益，甚至提升复利的创收能力，会直接向金融机构或他人借贷，借助他人的钱打造金融杠杆，但这种金融杠杆的危害很大，很容易将投资者送入困境。

很多知名的投资大师在告诫投资者时，都会强调不要借贷，不要使用金融杠杆，拒绝让自己产生不必要的负债，因为金融市场往往存在各种意外和不确定性事件。无论投资者如何聪明，都有可能遭遇挫折，如果过度使用金融杠杆，就可能产生自己无法承受的巨额损失，导致自己一贫如洗。在投资界，大家几乎有一个共识，那就是杠杆操作成功虽然会带来巨额的回报，但杠杆操作失败就是0，无论盈利的数字有多大，一旦乘以0，最终很快就会化为乌有。

段永平自认为是个满仓主义者，大多数情况下都会选择满仓，但他的前提是不使用杠杆。至于为什么不使用杠杆，段永平的理由很简单："买股票用杠杆的情况下，你的股票是被抵押给券商的，当杠杆比例高到一定程度，一个大跌券商就可能会把你的股票卖掉还债。股市大跌是一定会发生的事，而且总是发生在你没想到的时候，只要你一直用杠杆，你一定会碰到这一天的，很可能会让你一夜回到解放前。苹果历史上大掉40%的事情发生过10次以上。"

段永平不喜欢杠杆，甚至连借贷和负债也不喜欢。段永平不认为通过负债就会带来更大的收益，他解释说："因为没人知道市场疯狂起来到底有多可怕，负债的好处是可以发展快些，不负债的好处是可以活得长些。不论你借不借钱，一生当中都会失去无穷机会的，但借钱可能会让你再也没有机会了。巴菲特说过类似的话：如果你不了解投资，就不应该借钱；如果你了解投资，就不需要借钱，反正你早晚都会有钱的。"

比如，很多人在发现一个好的项目时，就会选择多买一些股票，甚至借钱来买。对此，段永平并不认同，他觉得有钱可以多买点，钱少的话就少买点，没必要刻意去借钱投资。借钱可能赚钱很快，但是赔钱往往也很快，任何一个人都不敢打包票自己一定就可以在投资中获利，再有把握的投资，也有可能会失利。到那个时候，自己可能就会输掉一辈子，难以翻身。

段永平认为，世界上几乎所有的投资者都想要挣大钱，很多投资者知道什么事情可以去做，而知道什么不能去做往往比知道什么可以去做更加重要。一些投资者，无法理性地思考和分析，更喜欢挣快钱、挣大钱，甚至不惜冒险做一些有重大风险的事情。尤其是一些小投资者，认为自己慢慢投资很难积累更多的财富，还不如冒险赌一把，铤而走险，去投资一些高回报的项目，结果因为无法掌控风险而失败。所以，这些人可能一辈子都只能当一个小投资者，因为他们过于冲动，不遵循原则和真理。

有个投资人曾经向段永平请教投资问题，在谈到负债时，对方让段永平给一点建议，段永平直接分享了一个故事："很多年前，我跟华以刚下过一盘围棋（让子）。复盘时，我觉得有个地方怎么下都很难受，就问他，这里该怎么下呢？他说，其实怎么下都一样，因为你前面下错了。负债投资很难有平常心，希望你好运吧。以后小心了。"

借贷和负债投资本身就是错误的行为，多数投资者根本承担不起杠杆的负面影响。因此，平时在投资股市的时候，一定要量力而行，不要试图通过借贷的方式来玩弄杠杆，因为多数人都没有这样的资本和实力。段永平每次投资，都会尽可能选择闲钱，以免背负更多的经济压力。对于普通投资者来说，即便迫不得已发生了一定的借贷，也应该确保自己有足够的钱来还款，不影响自己的资金周转和个人信用。

一般来说，想要确保还款能力的安全性，一定要重点考虑两个指标：资产负债率以及每月还贷比。资产负债率是负债在资产中所占的比率，通常情况下，如果它超过了50%，那么个人的还款就会面临很大压力，容易出现无法顺利还债的风险；每月还贷比是每月还贷额和自己每月收入的比率，这个指标通常也要控制在50%以下，最好是控制在30%左右。

著名投资家米凯利斯反对负债经营，不主张借钱投资，他自己也不会投资那些高负债的公司。在多年的投资生涯中，他所投资的公司，资产负债率一般都维持在15%左右，只要超过了15%这个标准，他基本上不太会考虑。对于普通人来说，如果真的找到了好的项目，不得不借贷，最好保证资产负债率和每月还贷比维持在30%以下。

## 纠正错误，立即止损

段永平曾说过这样一段话："我读《孙子兵法》感触最深的一句话是：'先为不可胜，以待敌之可胜。不可胜在己，可胜在敌。故善战者，能为不可胜，不能使敌之必可胜。'

"意思是，我们要创造有利于自己的形势，尽可能不犯或少犯错。我们能做的，就是让自己不可战胜。

"至于敌人能不能被战胜，要看敌人会不会露出破绽，这是我们无法决定的。

"那怎么才能让自己不可战胜呢？

"我认为首先是少犯错，或者不犯错。当然，没有人能一辈子不犯错。

"因此，更切合实际的做法是，不管犯了多大的错误，都要诚实面对，立即止损，不要骗自己说还有机会。"

在段永平看来，投资的第一要务就是避免出现亏损。当然，任何人都不可能完全避免失败和亏损，即便是世界上最成功的投资人，也经常会遭遇重大的亏损：彼得·林奇曾在金融危机和熊市中亏损几十亿美金；索罗斯多次在股市中风生水起，但也数次折戟沉沙；巴菲特也数次遭遇重大的损失，甚至还受到了他人的恶意诈骗。虽然连这些顶级的投资者都无法避免失败和亏损，但他们始终注意把握一个原则，那就是当亏损产生且不可逆时，应立即拿出壮士断腕的决心，果断抛售那些亏损的股票，及时止损，避免亏损进一步扩大，而不是期待着股票会重新反弹和上涨。

在关于投资亏损的事情上，段永平认为多数亏损的投资都是由错误的决定引发的，因此，投资者发现这些错误之后，应该在第一时间加以改正。在投资时，段永平一直强调要做对的事情："做对的事情，实际上是通过不做不对的事情来实现的，因此要有Stop doing list，一旦发现是不正确的事情，要马上停止。不管多大的代价，往往都会是最小的代价。发现买错了股票应该赶紧离开，不然越到后面损失越大，但大部分人往往会希望等到回本再说。"

这里强调的，其实是一个重要的经济学概念：沉没成本。所谓沉没成本，是指已经产生且和当前决策没有关联的费用。比如，一个人打算开办一家加工厂，可是当自己初步投资建造好厂房后，发现原先的大客户搬到了外省，自己最好是跟着对方一起搬家，这样不仅可以继续维系双方的合作关系，还能够降低合作的成本。但问题在于：自己已经建好的厂房就要白白浪费掉，这也是一笔不小的开支。对于这个人来说，一旦自己决定跟随大客户搬家，那么新建好的厂房就是一个沉没成本。

在股市中，沉没成本也很常见。假设投资者以20元的单价购买了某公司的10000股股票，可是一个月后，他发现这只股票一直在下跌，从20元跌到了14元，且企业的发展也并不好，就当前情况来看，股价似乎很难有上升的空间。这个时候，对于已经亏损了6万元的投资者来说，是否要继续持股就成为一个难题。如果继续持股的话，股价会不会继续下跌呢？会不会从当前的14元跌到10元甚至更低呢？或者也可以继续持有一段时间，股价也许会反弹，上涨回来。毕竟自己一旦抛售，就意味着6万元的亏损不可避免了。

在面对这种情况时，人们该如何做打算呢？

有人也许会认为，与其直接亏损6万元，还不如赌一把，没准股价会上涨。这种人非常看重沉没成本，并且愿意为降低沉没成本而冒险，总是抱有侥幸的心理，期待着可以让自己的损失得以挽回。而有的人更加看重损失是否会扩大，在对股票进行客观评估之后，他们会果断放弃沉没成本，选择抛售手里的股票，以免股价继续下跌，产生更大的损失。这种人通常会考虑更长远的发展，拒绝因为沉没成本而捆绑自己更多的利益。

在很多时候，沉没成本会成为个人进行风险评估的一大障碍。不少人要么无法意识到自身犯下的投资错误，对未来的发展抱有不切实际的期望；要么就是明知自己犯了错误，也不愿意立即纠正，妄想着事情有所转机。过于看重沉没成本的人，往往会忽略一件事，那就是那些持续下跌的不良投资，只会带来更大的损失。最合理的选择，不是死抱着沉没成本不放，而是及时纠正错误，及时止损，确保手里的资金不会受到进一步的伤害。

在谈及沉没成本时，段永平曾经举过一个他亲历事例。有一次，段永平在美国某机场为一位步步高同事接机，按照以往的经验，他觉得自己可能要在机场等1个小时，所以，他一开始就直接在停车场投了停车1个小时的应付币，可是没有想到，那位同事竟然提前半小时到了机场。

这件事让段永平想到了投资，他当时提出一个问题：既然自己多投了半小时的币，那么究竟是继续在车里等上半个小时，确保所有的钱不会被浪费掉，还是选择浪费多投的这半小时的钱？

这个问题听起来很傻，很显然，稍微有点头脑的人，都会选择直接开车走人。但在现实生活中，人们却会有不同的选择。段永平毫不客气地批评过投资者的此类心态："很多人都犯继续等下去的愚蠢错误：这件事我已经投了几千万呀，怎么停得下来？然后为了救这些沉下去的成本再投入几千万，明知事情是错的还要坚持做下去，结果自然是败得更惨。"

沉没成本是投资行业的一个重要概念，常常影响着人们的投资判断。在段永平看来，投资者应该坚决止损，当意识到自己的投资决策是错误的时，就要立即停止错误的投资，想方设法改变策略。

当然，在谈及对错误的判断和止损要求时，很多人都缺乏更为明确的标准。大体而言，投资者应该从一开始就设置止损线，也即针对亏损额度设置一条安全线，这条安全线侧重于强调个人能够承受的亏损额度。一般来说，投资者在设置安全线的时候，可以设置一个亏损20%的额度，这意味着他们可以承受20%的亏损，一旦超过这个比例，可能就超出了很多人的承受范围，会对手里的资金规划造成一定的影响。一些资金实力雄厚的人，可能会设置50%的亏损额；而一些资金缺乏的人，也许只能承受10%的亏损。

无论怎样，设置亏损额度的意义主要在于保护资金的安全，尤其是当人们对自己的投资把握不准，认为存在较大风险时，设置一个保证资产的安全线，是很有必要的。这个安全线是硬性规定，可以提醒投资者要注意及时止损，而不必在何时止损的问题上纠结不已。

## 不了解的就不要去投资

段永平曾经购买过一只名叫UNG的股票，它是和天然气挂钩的指数。当时他买入的价格大约是3元，而天然气的长期成本一般是6元以上，按照这种情况，他果断大量买入股票。因为他认为任何一个产品的价格最终都会超过长期成本，不可能一直都在成本以下。可是，由于发现股价一直没有上涨，他就花时间对股票进行了分析和研究，发现UNG和天然气并不呈线性相关，而且时间损耗非常大，根本不适合投资。

不过，考虑到买入价格不算高，低于成本，未来肯定会上涨，加上自己亏了不少钱，他依旧不舍得抛售。几天后，看着股价依旧没什么动静，段永平意识到自己不能继续错下去了，于是直接选择退出。结果这一次，段永平为自己的无知支付了一大笔钱，好在他及时止损，如果一直捂着不肯放手，在一年之后他将会多亏掉4倍的钱。

经历过这一次亏损，段永平更加意识到不能在自己不了解或者了解不够的项目上投资了。其实多年来，段永平一直谦卑地认为自己并不懂市场，也不是很刻苦，但他对投资有自己基本的理解，那就是不懂的东西不碰。他认为，安全边际是指投资者对公司的理解度，而不是所谓的价格。

在过去，有很多人认为段永平所说的看得懂的投资，不过是跟随巴菲特的脚步罢了，巴菲特看上什么，他就买什么，巴菲特不喜欢什么，他也不喜欢什么，所有的投资都是按照巴菲特的想法去做的，所有的投资都是跟随巴菲特的脚步进行的，但事实并非如此。虽然段永平承认自己受巴菲特的影响很大，但是两个人在投资方面并不完全一致。很多时候，他对巴菲特的投资策略也表示不理解，也不认同巴菲特的做法。对于自己不理解的东西，他从来不会盲从他人。

"巴菲特怎么投资股票我并不关心，因为巴菲特投资股票最简单的原则是，当你买一只股票的时候，其实你是在买它的生意、买它的企业，所以你一定要搞懂你所投资的东西。我投资的是我能搞懂的，巴菲特投资的是他能搞懂的。最重要的是，我要关注我投资的公司是不是我能弄得懂。如果你发现这个企业的基本价值、基本面发生很大变化的时候，你可能就会卖掉这只股票。巴菲特也不是说从来没有卖过他的股票，他也是会卖的。"

投资自己能够理解的东西，这是段永平坚守的原则。又比如，某一次，有人问段永平应该怎样选择Facebook和茅台，这两家公司究竟哪一家是更好的选择。一般来说，面对这样的问题，很多人会从两家公司的体量、行业地位、商业模式、现金流、企业文化、对行业的影响、未来的发展空间等多个方面进行分析和比较，甚至会强调科技公司与消费型公司的对比。而段永平没有想那么复杂，他认为投资者没有必要去区分哪一家公司更好，也没有能力去区分哪一家公司更好。他觉得投资者更应该看看自己了解哪一家公司，只有对自己更了解的公司，才能做出更合理高效的判断。

很多时候，人们喜欢问别人喜欢什么公司，最看好什么公司，通常喜欢问这类问题的人往往显得信心不足，也许是看不懂什么是好公司。事实上，即便别人给出一个所谓的好公司，也不过是别人看懂了这家公司而已，并不意味着询问的人也能看懂。由于能力圈层的不同，询问的人也无法保证这家公司同样适合自己。

段永平说过："要弄明白所投股票的价值所在，如果不清楚这只股票的价值是多少，你就不能碰。看懂生意比较难，看不懂的拿住比较难，大部分人拿不住，是因为看不懂。如果你不知道自己买的是什么的话，跟'高手'是跟不住的。"

对于什么是看懂，什么是看不懂，段永平的描述很简单："看懂了一家公司的最简单的标准就是你不会想去问别人'我是不是看懂了这家公司'。当你还有疑惑时，就表示你还不懂或者懂得不够。没看懂的公司就是，一跌下来就想卖，涨一点点也想卖。买了怕价格跌下来的投资，最好离得远远的，如果你买啥都怕跌下来，就远离股市。"

价值投资的一个核心理念就是做自己能力范围内的事情，对于自己不懂、不了解、不擅长的事情，最好不要去尝试。举一个例子，巴菲特平时最喜欢投资一些传统的产业，对于互联网公司和科技公司一直不太看好。当初比尔·盖茨亲自劝说巴菲特购买微软公司的股票，但巴菲特只是象征性地购入一点，对微软公司提不起丝毫兴趣。接下来的20年时间里，巴菲特因此错过了一大笔收入。同样，在谷歌公司、苹果公司、亚马逊公司头上，巴菲特也没有把握住最佳的投资机会。很多人都批评巴菲特过于保守，做不到与时俱进，但对于巴菲特而言，不买才是对的。因为他自己根本看不懂这些科技公司和互联网公司，总觉得它们存在巨大的泡沫，保持谨慎才是王道。实际上，很多人都忽略了一点，巴菲特之所以能够积累起那么多财富，成为最成功的投资者，恰恰是因为多年来他一直都坚持做自己了解和擅长的领域的投资。对于可口可乐、《华盛顿邮报》、喜诗糖果、政府雇员保险公司、富国银行、吉列等企业，巴菲特都有着足够的把握去做好投资。如果从一开始，巴菲特就敢于冒险挑战自己不了解或者能力范围外的项目，那么，也许他会遭遇更多的亏损。就像巴菲特所说的那样，只有投资具有95%的把握时，他才会出手。

又比如，投资大师沃利·韦茨也一直坚持投资自己能够理解的公司。作为一个掌控着50亿美元以上共同基金的领导者，为了确保投资效益的最大化和风险的可控性，他会花很多时间研究标的公司，弄清楚这家公司的运作流程、盈利能力、企业内在价值；了解它是否拥有持续的竞争优势，是否拥有非常出色的管理层，是否在法律方面拥有一些特权或者特殊的优势；挖掘这家公司成功的主因，以及造成失败的原因和最大的障碍。

也许，很多投资者会认为，即便是自己不懂，只要公司发展不错，一样值得投资，一样可以挣到钱。但关键在于，当面对自己不了解的行业和企业时，投资者如何估值是一个很大的问题。其实，在段永平看来，坚持不懂不做的原则有三大原因：第一，如果一个人不了解企业也敢投资，他的投资守不了那么久，可能用不了多久就会抛售和放弃；第二，如果一个人在多个项目上都敢进行这样的投资，那么他很快就会把钱亏光；第三，一个人没有在自己不熟悉的行业和企业头上赚到钱，其实应该高兴，这说明他没有犯什么错。

所以，坚持在自己的能力范围内选股，这才是价值投资者最应该做的决定。

## 不要总想另辟蹊径

众所周知,在嘈杂而充满诱惑的股市中,投资者很容易迷失心性,做出一些不合理的举动。比如有的人一味盲从他人,缺乏独立思考的能力,将希望寄托在其他人身上,根本不相信自己的判断,或者根本不愿意去分析和判断。还有一些人一味想着出奇制胜,通过不寻常的招数来获取更高的回报。这类人缺乏耐心,也没有形成正确的投资理念,单纯地想要通过投机取巧和动用一些非同寻常的手段来取胜。

对于这类人,段永平进行了谆谆教诲:"要守正不出奇,不要整天想着出奇,这样犯错机会就会下降。如果你赚的是本分钱,你会睡得好,会活得很长,最后还是会赚很多钱。本分就是做对的事情和把事情做对,不本分的事不做。本分的力量是很厉害的,倒过来想,不本分的话,可以查查过去30年破产的公司都是什么原因。"

段永平认为,一个投资者应该端正态度,不要将投资神秘化,也不要自作聪明,真正的投资不是依靠某一个妙招来解决问题的,也不是靠某一种与众不同的手段来实现盈利的。投资就是对一些最基本的知识进行综合整理、综合处理,就是按照平常的方法做平常的事,重要的是要有自己的理解,要有自己的规划,要拥有绝对的耐心。其实这个世界上的所有成功,都是运用最普通的知识和最普通的方法去实现的。所谓的特殊途径,所谓的另辟蹊径,往往会带来极大的风险。

比如,段永平非常敬佩和仰慕围棋大师李昌镐。李昌镐被称为"石佛",是一个非常稳定的竞技型棋手,在下棋的时候,他从来不追求那些精妙的招式,而是步步求稳。李昌镐很少有什么妙棋,但他总是可以做到压制别人一子,对手们很难获得反击的机会。他为什么要这样做呢?目的就是做到稳妥。他从不追求100%的胜率,而是强调半目胜,即追求51%的胜率,只要赢对手一子就够了。段永平也一直在学习李昌镐的后发制人与稳定操作,绝对不会急功近利,他要做的就是保持好自己的节奏,绝对不冒进,不去想着通过妙招来解决战斗。

段永平在谈到投资时,曾经讲过一个故事,说他自己有一个朋友非常喜欢打高尔夫球,球技也还算不错,朋友经常找段永平打球,并且总是希望能够赢。正因为如此,朋友每次打球都很冒险和激进,总是想着一步到位,将段永平击垮,可越是这样,他越是输得厉害。对此,段永平的总结是,一个人要保持平常心和求实心态,因为投资没有那么多花架子,也没有那么多的出奇制胜,技巧固然很重要,但是一味求巧不仅会难上加难,而且很容易弄巧成拙。

芒格在谈到自己所投资的两家公司时,曾非常自豪地说道:"之所以会出现这么神奇的情况,是因为从我们身上隐约能够看到,自始至终都在追求基本的道德和健全的常识。伯克希尔·哈撒韦之所以可以取得巨大的成功,Daily Journal之所以能够小有成就,并不是靠所谓的秘诀,而是因为他们追求基本的道德和健全的常识。"

常识是芒格提倡的一种投资必备素养,他认为必须依靠那些日常生活中所积累、大众都熟悉的知识点,诸如生活常识、工作常识和投资常识。

这些常识普通到不能再普通却十分管用，只不过人们很多时候舍本逐末，忽略了它们的价值。很多投资者错误地以为投资就是看谁的智商更高，就是看谁的技巧更花哨，就是看谁更有能力寻求新的渠道和方法，但事实上，投资并不需要过于复杂的体系，不需要太高的智商，更不需要太多所谓的创意。相反，投资本身就是建立在一大堆常识的基础上的。比如，很多人喜欢追涨杀跌。但股价不可能一直上涨，也不可能一直下跌，这是一个基本常识。了解了这一点，我们就可以巧妙地在下跌时购入，在上涨到一定程度时抛售，寻找赚取差价的机会。

又比如，企业估值本身包含了很多变量和不确定性因素，人们是无法做到精确计算的，也是无法做出精准预测的。因此试图通过准确预测股价的方式来投资，无疑会让自己陷入挣扎状态，而且很有可能会让自己做出错误的判断。那些试图驾驭市场的人，最终都会发现市场根本不会按部就班地发展，任何精确的预测到头来都被证明是徒劳的。

对投资者来说，常识非常重要，但是为什么人们不愿意尊重常识，而去寻求一些非同寻常的知识和技巧呢？原因很简单，很多投资者将投资看成了一件非常神秘的事情，误以为投资需要高深莫测的知识，需要各种强大的理论作为支撑，只有像巴菲特、芒格、罗杰斯、彼得·林奇这样的投资高手才可以达到那些最高端思维的层次。但事实上，即便是最伟大的投资者，在投资时也只是依赖一些常识来解决问题的，并没有什么高明之处。按照芒格的说法，优秀的投资者所掌握的无非就是基本的数学知识、赛马感觉、基本的恐惧以及对人性的基本判断。投资者靠着这些方面，就可以较准确地预测人们的行为。还有就是一些基本的准则，可以帮助人们做出更合理的预测。

那么，投资者应该怎样去把握常识呢？怎样避免做出一些奇怪的投资行为呢？

——多思考，多分析，深入挖掘事物的本质，想办法拓展自己的思维空间，反思和反省自己的行为，通过思考和反思，来把握和领悟生活中的常识。

——很多常识都是在实践中领悟和学习的，相比于在书中学习相关的技巧，多参加实践活动，多进行投资，无疑更能够帮助人们理解那些常识的重要性，同时也能够验证常识的强大力量。

——主动观察生活，留心身边人的举动，看看别人是如何进行投资的，看看那些成功者是如何进行操作和估值计算的，是如何解决问题的，通过学习和观察，可以提升自己的判断力，并强化自己的思考能力。

对于投资者来说，踏踏实实做事，本本分分做人才是最重要的。投资者应该坚决从常识入手，将对常识的积累和应用当成重要的准备工作来对待。而想要获得更多的常识，就需要强化训练，积累自己的投资经验，丰富自己的见识，然后在思考和分析时努力提升自己的思维层次。

## 不要轻易帮助别人进行投资

很多投资者会成立投资公司,组建一支庞大的投资队伍,或者直接负责帮别人打理基金。这种专门帮助更多的人进行投资的方式,似乎成了投资者的一个重要选择,像美国的很多顶级投资者,都掌握着投资公司,或是某只基金的掌门人。段永平是一个很出色的投资人,甚至被认为是中国版的巴菲特,完全有能力创办属于自己的投资公司。以他在投资领域取得的成功,他一定会具备强大的吸引力和说服力。

实际上,作为一个独立投资者,段永平在投资的时候,也不完全是一个人在投资,他会经常帮朋友进行投资,手里也长期握着十几个好朋友的账户。但对于成立投资公司的建议,段永平一直都表示拒绝。事实上,帮朋友投资只是偶尔为之,而且他有自己的要求。通常他会做一份声明:朋友绝对不能干涉他的买卖,也别着急,别老是问他,所有人自负盈亏。不过挣到钱之后,也不能把钱独吞了,必须拿出15%~20%的钱捐款。而这些朋友和他彼此信任,关系很好,基本上都会把钱捐出来,有的人还会多捐一些。

段永平坦言,成立专门的投资机构,帮更多的人打理资金,处理投资事宜,这项工作并不适合自己。一方面,他并不认为自己有能力长期保持高质量的投资状态和高增长的模式，毕竟不是谁都可以像巴菲特那样，连续几十年保持辉煌履历；另一方面，段永平更喜欢独立操作的投资模式，倾向于自由投资。事实上，他本人从来没有将自己定义为一个职业的投资人，组织结构的压力、股东的需求、基金框架的约束，这些都让段永平感到不适应，因此，他宁愿当一个自由投资者。

实际上，段永平在帮助别人投资时，也比较随性，他曾这样谈论自己的投资："其实我是很随意的，我不会专门帮他们寻找一只股票，那就累了。我是一看这只股票便宜，忽然想起谁谁谁还有一个账号在那儿，然后查一查还有多少钱在里面，就把钱买了这只股票，便扔在那儿。好多账号我半年都不进去一次。"

段永平告诫普通的投资者应该享受投资的乐趣，而不要将其当作挣钱的工具，更不要因此去帮助更多人打理资金，免得积累很大的压力而丧失乐趣。别说是普通人，就是一些专业的基金管理者和投资大师，也常常会因为帮别人投资而背负沉重的压力。

著名的投资大师乔尔·格林布拉特曾经是一位知名基金的管理者，他帮助这家基金在10年时间里获得了年化50%左右的收益（费前），一时间被人称作股市里的天才投资者。不仅如此，他还编著了《股市天才：发现股市利润的秘密隐藏之地》一书，给了很多投资者信心和指导，很多人都选择使用他发明的"神奇公式"选股，效果非常好。更多的人慕名前来找他投资。在基金运营两年之后，很多亲朋好友都放心地将钱交给他投资，可是在差不多6个月之后，他直接退回了所有外部投资者的资金。很多人都疑惑他为什么要这么做，毕竟他的投资能力有目共睹，投资回报率很高，而且即便亏损了，也没有人对他有过任何责难。但正是因为名望太高，格林布拉特承受不了基金短期业绩波动带来的压力，比如在帮助亲戚朋友投资6个月之后，基金就遭遇了17%的下滑，这让格林布拉特感到压力重重，甚至想要自杀。他不希望看到如此相信自己的亲朋好友承受这样的损失，也担心他们会感到难过和焦虑，这无疑让他几乎陷于崩溃。以前，他经常在哥伦比亚大学商学院教授投资课程，向学生们传授技巧，但这和直接帮助别人投资完全是两码事。

事实上，格林布拉特在独立投资的时候，从来不会担心一时的跌涨，但帮助别人投资永远是两回事，自己不可能完全不顾及他人的想法。所以他不希望自己在如此热爱的事业上承受这么大的折磨和压力，不希望自己因为帮别人管理资金而丧失投资的乐趣，所以他最终选择退回别人的资金。

真正的投资者，会将投资当成一种乐趣，他们并不在乎投资最终是盈利还是亏损，也不在乎会挣到多少钱。相比于挣钱，他们更希望享受投资的过程。尤其是那些身家达到几十亿甚至几百亿美元的超级富豪，对于挣钱的兴趣并不那么大。他们通常会将投资当成一种游戏，他们也想赢得游戏，也想顺利完成整个游戏，但是他们更加享受和参与者竞争的乐趣，更加享受去精准地攻克每一个环节的乐趣。而一旦他们帮助别人投资，就不得不为别人的利益着想，不得不关注股市中的一举一动，在这种情况下，他人的意志难免会强加到自己身上，并带来很大的精神压力。

所以，段永平认为投资是一件非常有趣的事，犯不着因为帮助别人投资而承受巨大的压力。这样做，完全违背了自己的初衷。因此，一个投资者即便再出色，也不要帮别人投资，除非大家都信任他，且不会干扰他的一举一动。但即便是如此，恐怕也无法像独立投资那样自由轻松。在投资这件事上，人们不仅要保持独立的思想，还应该保持独立投资的状态。

首先，拒绝替别人投资，即便有人想要把钱交给自己打理，也要主动谢绝，避免自己的投资模式和别人的投资模式捆绑在一起。

其次，最好不要建立投资机构。管理一家机构的压力非常大，而且也将耗费自己很多的时间和精力，在这种烦琐的工作模式中，自己是无论如何也难以体会到投资的乐趣的。

再次，不要总是想着给别人提意见和建议，因为任何意见和建议的输出，都意味着自己要对他人的投资负责，一旦投资失利，自己将会承受很大的压力。

最后，一个聪明的投资者最好按照自己的意愿和模式去投资，按照自己的方法来管理资金，保持独立投资的状态，好好享受自己的投资模式。